Ausführliches Verzeichniß der

Guttentag'schen Sammlung

Deutscher Reichs- und Preußischer Gesetze,

Text-Ausgaben mit Anmerkungen — Taschenformat,

welche alle wichtigeren Gesetze in absolut zuverlässigen Gesetzestexten und in mustergiltiger Weise erläutert enthält, befindet sich hinter dem Sachregister.

Guttentag'sche Sammlung
Nr. 52. Deutscher Reichsgesetze. Nr. 52.
Text-Ausgaben mit Anmerkungen.

Gesetz,

betreffend die

gemeinsamen Rechte der Besitzer von Schuldverschreibungen.

Vom 4. Dezember 1899.

Text-Ausgabe mit Anmerkungen und Sachregister.

Von

Dr. Heinrich Göppert,
Gerichtsassessor.

Berlin 1900.
J. Guttentag, Verlagsbuchhandlung,
G. m. b. H.

Inhalt.

Abkürzungen in den Anmerkungen.

Begr. = Begründung zu dem Entwurf eines Gesetzes, betreffend die gemeinsamen Rechte der Besitzer von Schuldverschreibungen. Drucksachen des Reichstags, 10. Leg.-P. I. Session 1898/99 Nr. 105.

BGB. = Bürgerliches Gesetzbuch.

E. z. BGB. = Einführungsgesetz zum Bürgerlichen Gesetzbuche.

GBO. = Grundbuchordnung (Reichs-Gesetzbl. 1898 S. 754).

GFrG. = Gesetz über die Angelegenheiten der freiwilligen Gerichtsbarkeit (Reichs-Gesetzbl. 1898 S. 771).

HGB. = Handelsgesetzbuch vom 10. Mai 1897.

KB. = Bericht der X. Kommission über den Entwurf eines Gesetzes, betreffend die gemeinsamen Rechte der Besitzer von Schuldverschreibungen. Drucksachen des Reichstags, 10. Leg.-P. I. Session 1898/99 Nr. 362.

KO. = Konkursordnung (Reichs-Gesetzbl. 1898 S. 612).

Merzbacher = Gesetz, betr. die gemeinsamen Rechte der Besitzer von Schuldverschreibungen, erläutert von S. Merzbacher. München 1900.

Riesser = Zur Kritik der Gesetzentwürfe, betreffend das Hypothekenbankgesetz und die gemeinsamen Rechte der Besitzer von Schuldverschreibungen, von Justizrath Dr. Riesser. Beilageheft zum 47. Bande der Zeitschrift für das ges. Handelsrecht.

Staub = Staub, Kommentar zum Handelsgesetzbuch. 6./7. Auflage.

Die Vorschriften des Gesetzes sind nur nach den Paragraphenzahlen ohne Zusatz citirt.

Einleitung.

Das Gesetz, betreffend die gemeinsamen Rechte der Besitzer von Schuldverschreibungen, ist nicht bestimmt, das bisher nur in wenigen Punkten durch die Reichsgesetzgebung geregelte Recht der Schuldverschreibungen zu kodifiziren. Sein Zweck wird von der Begründung, mit welcher der Entwurf unter dem 3. Februar 1899 beim Reichstage vorgelegt wurde (Drucksachen Nr. 105 S. 7), in folgenden Sätzen gekennzeichnet:

„Die Schuldverschreibungen, welche von gewissen Unternehmungen, wie Hypothekenbanken, Eisenbahngesellschaften, Bergwerksgesellschaften und größeren industriellen Unternehmungen ausgegeben werden, finden als Anlagepapiere eine weite Verbreitung. Schon lange wird das Bedürfniß empfunden, den Besitzern derartiger Schuldverschreibungen die wirksame Geltendmachung ihrer Rechte zu erleichtern. Das hauptsächlichste Hinderniß, das hierbei zu beseitigen ist, liegt in dem Mangel einer Verbindung zwischen den einzelnen Besitzern der Schuldverschreibungen. Dem Schuldner steht eine große Anzahl ihrer Person nach unbekannter Gläubiger gegenüber, die zwar übereinstimmende Interessen haben, sich aber bei einer Gefährdung derselben nicht oder nur schwer zu gemeinsamem Handeln zusammenfinden können. Um hierfür den Weg zu eröffnen, ist eine rechtliche Organisation der Schuldverschreibungsbesitzer nothwendig."

Vor dem Inkrafttreten des Bürgerlichen Gesetzbuchs waren einige der hier einschlägigen Fragen in verschiedenen Bundesstaaten durch Landesgesetz geregelt worden[1]). Diese Gesetze sowie zwei von

[1]) Das bayerische Gesetz, betreffend einige Bestimmungen über Inhaberpapiere, vom 18. März 1896 und das braunschweigische Gesetz, betreffend die Hypotheken für die auf den Inhaber lautenden Schuldverschreibungen und Verpflichtungsscheine, vom 30. März 1881 ordnen für den Fall, daß zu Gunsten der Besitzer von Schuldverschreibungen eine Hypothek bestellt ist, die gemeinsame Vertretung der Gläubiger, die Berufung und Abhaltung von Versammlungen. Das preußische Gesetz, betreffend das Pfandrecht an Privateisenbahnen und Kleinbahnen und die Zwangsvollstreckung in dieselben, vom 19. August 1895 organisirt die Besitzer von Schuldverschreibungen einer Eisenbahn, denen ein Pfandrecht an der Bahneinheit bestellt ist. Die Vertretung der Pfandbriefgläubiger der Realkreditanstalten in Ansehung der zur Pfandbriefdeckung bestimmten Hypotheken regelten das coburg-gothaische Gesetz, betreffend die Sicherstellung der Rechte der Besitzer von Pfandbriefen, vom 4. April 1885, das badische Gesetz,

der Reichsregierung dem Reichstag in den Jahren 1879, 1880 vorgelegte, nicht zur Verabschiedung gelangte Gesetzentwürfe[2]) bezogen sich jedoch nur auf Fälle, in denen für die Gesammtheit der in den Schuldverschreibungen verbrieften Forderungen eine bestimmte Sicherheit bestellt ist. Durch das Inkrafttreten des Bürgerlichen Gesetzbuchs haben die erwähnten landesgesetzlichen Vorschriften mit einer geringfügigen Ausnahme (vgl. Artikel 112 des Einführungsgesetzes zum Bürgerlichen Gesetzbuche, s. auch § 25 des vorliegenden Gesetzes) ihre Geltung verloren. Das Bürgerliche Gesetzbuch und das neue Handelsgesetzbuch haben indessen von der Aufnahme allgemeiner Vorschriften über die gemeinsamen Rechte der Besitzer von Schuldverschreibungen

---

betreffend die Pfandrechte für Schuldverschreibungen auf den Inhaber, vom 12. April 1892, das elsaß-lothringische Gesetz, betr. das Pfandrecht für die von den Bodenkreditgesellschaften ausgegebenen Schuldverschreibungen, vom 22. Mai 1893, das mecklenburg-schwerinsche Gesetz, betr. das Faustpfandrecht für Pfandbriefe und ähnliche Schuldverschreibungen, vom 27. Februar 1894, das schwarzburg-sondershausensche Pfandbriefgesetz vom 15. Januar 1896.

[2]) Entwurf eines Reichsgesetzes, betreffend das Faustpfandrecht für Pfandbriefe und ähnliche Schuldverschreibungen, Drucksachen des Reichstags 1879 Nr. 50, 1880 Nr. 32. Entwurf eines Reichsgesetzes, betreffend das Pfandrecht an Eisenbahnen und die Zwangsvollstreckung in dieselben, Drucksachen des Reichstags 1880 Nr. 33.

abgesehen. Nur für den Fall, daß zu Gunsten von Forderungen aus Inhaber- oder Orderpapieren eine Hypothek oder ein Schiffspfandrecht bestellt wird, giebt das Bürgerliche Gesetzbuch (§§ 1189, 1270) die Möglichkeit, eine Vertretung der Schuldverschreibungsbesitzer in Bezug auf ihre dinglichen Berechtigungen zu schaffen. Das vorliegende Gesetz hingegen erstreckt sich auf alle Schuldverschreibungen, welche hinsichtlich ihrer Beschaffenheit, ihrer Zahl und der Person des Schuldners gewissen in der Natur der Sache liegenden Voraussetzungen genügen, und vereinigt die Besitzer der Schuldverschreibungen behufs Wahrung ihrer gemeinsamen Interessen ohne Rücksicht, ob dabei die dinglichen oder die obligatorischen Berechtigungen in Frage kommen, zu einem Verbande, dessen Beschlüsse unter den zum Schutze des Einzelnen nothwendigen Bedingungen und Beschränkungen für alle Besitzer der Schuldverschreibungen verbindlich sind.

Der Entwurf zu diesem Gesetze wurde im Reichs-Justizamte gleichzeitig mit dem Entwurf eines Hypothekenbankgesetzes aufgestellt. Die beiden Entwürfe standen insofern im Zusammenhang, als der Hypothekenbankgesetz-Entwurf einem nach Maßgabe des Gesetzes über die gemeinsamen Rechte der Besitzer von Schuldverschreibungen gewählten Vertreter diejenige Thätigkeit in Ansehung der Pfandbriefdeckung übertragen wollte, welche nach der endgültigen Fassung des Hypothekenbankgesetzes dem von der Aufsichtsbehörde ernannten Treuhänder zusteht. Von den im Juni 1897 behufs Begutachtung der Grundzüge eines Hypothekenbankgesetzes im Reichs-Justizamte zusammengetretenen Sachverständigen wurden auch Grundzüge des vorliegenden Gesetzes berathen. Sodann wurde der Entwurf in der ersten Beilage des Deutschen Reichs- und Königlich Preußischen Staatsanzeigers vom 27. Mai 1898 der öffentlichen Kritik unterbreitet. Die Vorlegung beim Reichstag erfolgte durch Schreiben des Reichskanzlers vom 3. Februar 1899 (Drucksachen des Reichstags 10. Legislatur-Periode I. Session 1898/99 Nr. 105).

In der Sitzung vom 7. März 1899 überwies der Reichstag den Entwurf einer Kommission von 21 Mitgliedern (Stenogr. Berichte S. 1381 bis 1390), welche unter dem 12. Juni 1899 einen schriftlichen Bericht erstattete (Nr. 362 der Drucksachen). Die von der Kommission in Vorschlag gebrachten Aenderungen griffen namentlich in zwei Beziehungen tiefer in die Grundgedanken des Entwurfs ein. Der Entwurf ging davon aus, daß eine auf vertragsmäßiger Grundlage beruhende Vertretung der Schuldverschreibungsbesitzer, wie sie bis dahin vielfach üblich war und deren Zulässigkeit auch durch das Bürgerliche Gesetzbuch nicht berührt wird, in Zukunft neben der reichsgesetzlichen Organisation der Schuldverschreibungsbesitzer nicht mehr begründet werden dürfe. Die Kommission hat dem gegenüber durch ihre Beschlüsse zu § 14 des Entwurfs (§ 16 des Gesetzes) die Begründung einer solchen vertragsmäßigen Vertretung auch da für statthaft erklärt, wo sie mit der gesetzlichen Organisation zusammentrifft[1]). Ferner hat die Kommission in Abänderung des § 10 des Entwurfs (§ 11 des Gesetzes) den Verzicht auf Rechte der Gläubiger durch Mehrheitsbeschluß der Versammlung nur zugelassen zur Abwendung des Konkurses oder der Zahlungseinstellung des Schuldners. Der Entwurf hatte sich darauf beschränkt, für einen solchen Beschluß eine qualifizirte Mehrheit und gegebenenfalls die Bestätigung der Aufsichtsbehörde zu erfordern. Im Uebrigen handelt es sich um Ergänzungen und Verbesserungen von untergeordneter Bedeutung. Die zweite Lesung im Plenum des Reichstags fand am 18. November 1899 statt; der Entwurf wurde in der von der Kommission vorgeschlagenen Fassung angenommen. Die Debatte bezog sich namentlich auf die oben erwähnten beiden Aenderungen (Stenogr. Berichte S. 2891 ff.). Am 21. November 1899 nahm der Reichstag den Ent-

---

[1]) Siehe das Nähere in Anm. 2 zu § 16 S. 103 und Anm. 1a zu § 20 S. 125.

wurf in dritter Lesung ohne weitere Debatte an (Stenogr. Berichte S. 2921 f.). Am 4. Dezember 1899 erfolgte die Vollziehung des Gesetzes durch den Kaiser. Das Gesetz ist am 1. Januar 1900 in Kraft getreten.

Das Gesetz bestimmt zunächst in den §§ 1, 2 die Voraussetzungen, unter welchen die Organisation der Besitzer von Schuldverschreibungen besteht. In den §§ 3—7 ist die Berufung, in den §§ 8—10 die Abhaltung der Versammlung der Schuldverschreibungsbesitzer geordnet. §§ 11—13 enthalten besondere Vorschriften für den Fall, daß ein Beschluß über den Verzicht auf Rechte der Gläubiger gefaßt werden soll. Die Bestellung eines Vertreters durch die Versammlung der Schuldverschreibungsbesitzer sowie dessen Verhältniß zu den anderweit für die Schuldverschreibungsbesitzer bestellten Vertretern ist in den §§ 14—17 geregelt; hierbei wird auch das für die letztgenannten Vertreter geltende Recht in einigen Beziehungen erweitert und ergänzt. Es folgen besondere Vorschriften für den Fall, daß der Konkurs über das Vermögen des Schuldners eröffnet wird, §§ 18, 19. Die Bestimmung des § 20 schützt die Schuldverschreibungsbesitzer gegen Beschränkungen der ihnen in dem Gesetz eingeräumten Rechte. Hieran schließen sich Strafvorschriften, §§ 21—23. In den §§ 24, 25 sind der Anwendbarkeit des Gesetzes gewisse Grenzen gezogen. Im § 26 wird der Termin des Inkrafttretens bestimmt und noch besonders zum Ausdrucke gebracht, daß das Gesetz auch auf die vor seinem Inkrafttreten ausgegebenen Schuldverschreibungen Anwendung findet.

Das Gesetz entledigt sich seiner Aufgabe in einer vielfach neuen, bisher noch nicht erprobten Weise. Es beschränkt sich deshalb im Wesentlichen darauf, die allgemeinen Grundsätze festzulegen, und überläßt die Ausgestaltung im Einzelnen der Praxis. In den in der vorliegenden Ausgabe den einzelnen Bestimmungen beigefügten Anmerkungen ist der Versuch gemacht, diese Grundsätze näher zu entwickeln und dadurch die Anwendung im einzelnen Falle zu erleichtern. Auf Fragen, welche sich nicht im Anschluß an eine bestimmte Vorschrift des Gesetzes besprechen ließen, ist in den Vorbemerkungen zu den Abschnitten, in welche das Gesetz für die Besprechung zerlegt ist, hingewiesen worden.

(Nr. 2629.)

Gesetz, betreffend

die gemeinsamen Rechte der Besitzer von Schuldverschreibungen.

Vom 4. Dezember 1899.

(Reichs-Gesetzbl. von 1899 Nr. 47 Seite 691 bis 698.)

Wir **Wilhelm**, von Gottes Gnaden Deutscher Kaiser, König von Preußen rc.

verordnen im Namen des Reichs, nach erfolgter Zustimmung des Bundesraths und des Reichstags, was folgt:

Der Verband der Schuldverschreibungsbesitzer.

§ 1 Abs. 1 spricht den Grundgedanken des Gesetzes aus, den Besitzern gewisser Schuldverschreibungen zum Zwecke der Wahrnehmung ihrer Interessen eine Organisation zu verleihen, welche die Fassung von Beschlüssen ermöglicht, die für alle Besitzer verbindlich sind. Das Gesetz gründet die Organisation auf die Interessengemeinschaft der Schuldverschreibungsbesitzer. Insofern ähnelt diese Organisation der Organisation der Gläubiger im Konkurse. Sie unterscheidet sich aber von ihr dadurch, daß die Wahrnehmung der Interessen der Schuldverschreibungsbesitzer ausschließlich in deren Hand gelegt ist. Eine behördliche Einwirkung ist außer dem Falle der § 13, § 18 Abs. 2 nicht vorgesehen. Die Organisation ist nicht nur für bestimmte Zwecke, sondern zur Wahrnehmung aller gemeinsamen Interessen geschaffen und nur zum Schutze der einzelnen Besitzer sind ihrer Bethätigung gewisse Grenzen gezogen, § 1 Abs. 3, § 11 Abs. 1, § 12 Abs. 3. Da die Ermöglichung einer gemeinsamen Vertretung eine der wichtigsten Aufgaben des Gesetzes ist, so ist auf die Bestellung des gemeinsamen Vertreters bereits im § 1 Abs. 2 hingewiesen.

Die Schuldverschreibungsbesitzer bilden in dieser Organisation keine juristische Person und auch keine Gesellschaft im Sinne der §§ 705 ff. BGB. Es ist vielmehr nur durch das Gesetz ein Zustand geschaffen, vermöge dessen, soweit die durch gleiche Gläubigerrechte bedingten gemeinschaftlichen Interessen in Frage kommen, der in einem Beschlusse niedergelegte Wille der Mehrheit als der Wille jedes Besitzers einer der in Frage kommenden Schuldverschreibungen gilt. Nur darin geht das Gesetz weiter, daß es dem mit der Führung eines Prozesses betrauten Vertreter die Stellung eines gesetzlichen Vertreters giebt, § 14 Abs. 4, während er anderenfalls nur der Bevollmächtigte einer Anzahl von Personen sein würde, und daß es dem Vertreter unter Umständen Befugnisse verleiht, welche dem einzelnen Gläubiger nicht zustehen, § 15. Wenn man diese Organisation als Gemeinschaft zur gesammten Hand oder als ihr sich nähernd bezeichnen will, so wird damit schwerlich mehr gewonnen sein, als ein Name.

§. 1.

Sind von Jemand,[1]) der im Inlande seinen Wohnsitz oder seine gewerbliche Niederlassung hat, im Inlande Schuldverschreibungen mit im voraus bestimmten Nennwerthen ausgestellt, die nach dem Verhältnisse dieser Werthe den Gläubigern gleiche

Rechte gewähren, und betragen die Nennwerthe der ausgegebenen Schuldverschreibungen zusammen mindestens dreihunderttausend Mark und die Zahl der ausgegebenen Stücke mindestens dreihundert,[2]) so haben die Beschlüsse, welche von einer Versammlung der Gläubiger aus diesen Schuldverschreibungen[3]) zur Wahrung ihrer gemeinsamen Interessen gefaßt werden,[4]) nach Maßgabe dieses Gesetzes[5]) verbindliche Kraft für alle Gläubiger der bezeichneten Art.[6])

Die Versammlung kann insbesondere zur Wahrnehmung der Rechte der Gläubiger einen gemeinsamen Vertreter für diese bestellen.[7])

Eine Verpflichtung zu Leistungen kann für die Gläubiger durch Beschluß der Gläubigerversammlung nicht begründet werden.[8])

[1]) Das Wort „Jemand" ist in demselben Sinne gebraucht, wie im § 793 BGB. Es ist belanglos, ob der Aussteller eine einzelne Person, eine Gesellschaft oder eine juristische Person (s. aber § 24) ist.

[2]) Nach § 1 Abs. 1 werden die Besitzer von Schuldverschreibungen desselben Ausstellers zu einem die Fassung von Mehrheitsbeschlüssen ermöglichenden Verbande zusammengefaßt, wenn

I. es sich um inländische Schuldverschreibungen handelt, s. S. 18;

II. die Schuldverschreibungen auf im voraus bestimmte Nennwerthe ausgestellt sind, s. S. 20;

III. die Schuldverschreibungen nach dem Verhältniß ihrer möglicherweise verschiedenen Nennwerthe den Gläubigern gleiche Rechte gewähren, s. S. 23;

IV. die Nennwerthe der ausgegebenen Schuldverschreibungen zusammen mindestens 300000 Mark und ihre Stückzahl 300 Mark betragen, s. S. 27.

Sind von demselben Aussteller verschiedene Gattungen von Schuldverschreibungen ausgegeben (III), so bildet jede Gattung, insofern sie in der vorgeschriebenen Mindestzahl und zu dem vorgeschriebenen Mindestbetrag ausgegeben ist, einen Verband für sich. Ob die Schuldverschreibungen vor oder nach dem Inkrafttreten des Gesetzes ausgegeben sind, macht an sich keinen Unterschied, § 26. Es ist auch für das Zustandekommen eines Verbandes ohne Belang, ob die Schuldverschreibungen in der vorgeschriebenen Mindestzahl und zu dem vorgeschriebenen Mindestbetrage durch einen einheitlichen Emissionsakt oder in mehreren solcher Akte, beziehungsweise nach und nach ausgegeben sind, s. unten S. 22. Im letzteren Falle tritt die Verbindung der Schuldverschreibungsbesitzer untereinander in dem Augenblick ein, in dem Mindestzahl und Mindestbetrag erreicht sind und alle noch weiter ausgegebenen Schuldverschreibungen, welche den Besitzern nach dem Verhältnisse der Nennwerthe gleiche Rechte gewähren wie die vorher ausgegebenen treten ohne Weiteres in diesen Verband ein. Im Einzelnen ist zu den vier Voraussetzungen des § 1 Abs. 1 Folgendes zu bemerken:

I. Da das Gesetz nur auf inländische Schuldverschreibungen Anwendung finden soll, so ist verlangt:

a daß der Aussteller zur Zeit der Ausstellung seinen Wohnsitz oder seine gewerbliche Niederlassung im Inlande hat;

b daß die Ausstellung im Inland erfolgt ist.

Die Begründung S. 11 weist darauf hin, daß § 795 BGB.

die staatliche Genehmigung zur Ausgabe von Inhaberschuldverschreibungen über eine bestimmte Geldsumme unter den nämlichen Voraussetzungen anordnet, und bemerkt: „Demzufolge werden, insoweit als es sich um Inhaberpapiere handelt, nur solche Schuldverschreibungen den Vorschriften des Gesetzes unterliegen, die mit Genehmigung eines deutschen Bundesstaats ausgegeben sind, oder dieser Genehmigung bedurft hätten, wenn sie unter der Herrschaft des BGB. ausgegeben worden wären." Hiergegen ist zu erinnern, daß § 795 BGB. ferner noch voraussetzt, daß die Schuldverschreibungen im Inland in den Verkehr gelangen, vgl. Artikel 34 Nr. IV E. z. BGB. Träfe die völlige Gleichstellung zu, so wäre hinsichtlich der Anwendbarkeit des Gesetzes unter Schuldverschreibungen derselben Emission zu unterscheiden zwischen solchen, die im Inland in Verkehr sind, und solchen, die der Aussteller in das Ausland abgesetzt hat und die nicht in den inländischen Verkehr gelangt sind. Daß eine solche Unterscheidung beabsichtigt wäre, ergiebt sich aber weder aus dem Wortlaute des Gesetzes noch aus allgemeinen Rechtsgrundsätzen. Hiernach ist es belanglos, ob die Schuldverschreibungen im Inland oder im Ausland in Verkehr gebracht worden sind. Es ist vielmehr nur den unter a) und b) bezeichneten Voraussetzungen zu genügen.

Der Begriff „Inland", der sich in der Reichsgesetzgebung mehrfach findet (§ 10 Abs. 1, § 244 Abs. 1, § 1607 Abs. 2, § 1944 Abs. 3, § 2369 BGB., Artikel 7 ff. E. z. BGB.) ist kein feststehender. Inland ist jedenfalls das Reichsgebiet. Ob auch die Konsulargerichtsbezirke in Ansehung der Deutschen, der Schutzgenossen und derjenigen Gesellschaften sowie juristischen Personen, welche den Deutschen gleichgeachtet werden, und ob ferner die Schutzgebiete als Ausland oder Inland im Sinne einer Gesetzesvorschrift anzusehen sind, kann gemäß § 26 des Konsulargerichtsbarkeits-Ges. vom 7. April 1900, § 2 des

Gesetzes, betr. die Rechtsverhältnisse der Schutzgebiete (Reichs-Gesetzbl. 1888 S. 75) durch kaiserliche Verordnung bestimmt werden. Vor Erlaß einer solchen Verordnung ist die Entscheidung der Frage der Praxis überlassen (vergl. Begründung zu § 26 des Entwurfs eines Gesetzes über die Konsulargerichtsbarkeit, Drucksachen des Reichstags 1898/1900 Nr. 515 S. 23).

Zu a. Wohnsitz ist der Ort der ständigen Niederlassung, § 7 BGB. Daß in denjenigen Fällen, in welchen der Aussteller eine Handelsgesellschaft oder eine juristische Person ist, deren Sitz dem Wohnsitz im Sinne des Gesetzes gleichsteht, ist als selbstverständlich nicht besonders ausgesprochen (Begr. S. 11), vgl. auch §§ 269, 270, 795 BGB. Hat der Aussteller mehrere Wohnsitze (§ 7 Abs. 2 BGB.) oder gewerbliche Niederlassungen, so genügt es, wenn ein Wohnsitz oder eine Niederlassung im Inlande belegen ist. Daß die Schuldverschreibungen in dem Gewerbebetriebe, welchem die inländische Niederlassung dient, ausgestellt sind, ist nicht erforderlich. Von mehreren Ausstellern muß jeder einen Wohnsitz oder eine Niederlassung im Inlande haben.

Zu b. Was die Ausstellung im Inland anbetrifft, so bemerken die Protokolle II. Lesung (Ausgabe von Achilles Bd. 6 S. 179) zu der entsprechenden Bestimmung des § 795 BGB.: „Als das wesentliche Moment ist die Ausstellung erklärt in dem Sinne, daß das dem Papier aufgedruckte Ortsdatum, welches sich auf einen inländischen Ort beziehen muß, entscheiden soll." Es ist also nicht nothwendig, daß die Ausstellung thatsächlich im Inland erfolgt ist; es genügt, wenn sich das Papier selbst als im Inland ausgestellt bezeichnet. Auf den Ort der Ausgabe kommt es nicht an.

Zu II. Die Schuldverschreibungen müssen auf im voraus bestimmte Nennwerthe ausgestellt sein. Hieraus und aus dem übrigen Inhalte des Gesetzes und den Materialien ergiebt sich für die rechtliche Natur der Schuldverschreibungen Folgendes:

a Daß nur Werthpapiere in Frage kommen können, ist zwar nicht ausdrücklich gesagt, folgt aber daraus, daß das Gesetz für die Geltendmachung der Gläubigerrechte die Innehabung des Papiers voraussetzt, vergl. § 10 Abs. 2; so spricht auch Begründung 11 von den „in Betracht kommenden Werthpapieren". Ob die Papiere auf den Namen, an Order oder auf den Inhaber lauten, ist belanglos. Nach dem im Reichsanz. veröffentlichten Entwurfe sollten nur Papiere unter das Gesetz fallen, die auf den Inhaber lauten oder durch Indossament übertragbar sind. Der endgültige Entwurf hat dieses Erforderniß fallen lassen, weil das Gesetz, wenn es ausschließlich solche Schuldverschreibungen berücksichtigen wollte, seinen Zweck nur unvollständig erreichen würde (Begr. 10). Es kommt auch nicht darauf an, ob die Papiere „für den Handelsverkehr bestimmt" sind. Es können auch zum Familienbesitze bestimmte Papiere unter das Gesetz fallen. In der Reichstagskommission ist der Fall erwähnt, daß eine größere Hypothek in Theilhypotheken zu gleichen Rechten zerlegt und begeben wird (KB. 1).

b Die Schuldverschreibungen müssen die Zahlung einer bestimmten Geldsumme zum Inhalte haben, auf bestimmte Nennwerthe ausgestellt sein. Es scheiden also alle diejenigen Schuldverschreibungen aus, in welchen dem Gläubiger nicht eine in der Zahlung einer Geldsumme bestehende Leistung zugesagt wird, wie Interimsscheine, in denen nur die Lieferung der Schuldverschreibung versprochen wird, und ferner alle diejenigen, in welchen zwar eine Geldleistung zugesagt wird, die Höhe der geschuldeten Leistung aber nicht von vornherein bei der Ausgabe ziffernmäßig feststeht, wie Genußscheine, sofern diesen überhaupt der Charakter von Schuldverschreibungen zukommt, Lotterieloose (anders Merzbacher, Anm. 8c)

u. s. w. Doch sind Schuldverschreibungen, welche in Gemäßheit eines feststehenden Ziehungsplans theils mit, theils ohne Zuschlag einzulösen sind (Lotterieanleihen), nicht ausgeschlossen.

c Es scheiden aber ferner aus alle für den Einzelfall ausgestellten Schuldverschreibungen, wie Versicherungspolicen, auch wenn sie auf eine bestimmte Geldsumme lauten, Wechsel, Anweisungen, Depotscheine, Sparkassenbücher u. s. w. Denn, wie nach der Absicht der Reichstagskommission, die Worte „mit im voraus bestimmten Nennwerthen" besagen sollen, fallen nur Schuldverschreibungen unter das Gesetz, welche nach einem bestimmten Plane zu fest bestimmten Beträgen ausgegeben werden (KB. 2).

d Hingegen können unter das Gesetz fallen die Theilschuldverschreibungen (vgl. § 51 GBO.), welche von Jemandem (s. Anm. 1) auf Grund einer einheitlichen Kreditoperation, namentlich zum Zwecke der Aufnahme einer Anleihe ausgegeben werden, so daß die Schuld aus der einzelnen Verschreibung sich wirthschaftlich nur als Theil einer Gesammtschuld darstellt, wie die Obligationen der Eisenbahn-, Klein- und Straßenbahn-, Schiffahrts- und Industrieunternehmungen. Damit ist jedoch nicht gesagt, daß der Verband sich immer auf eine solche wirthschaftliche Einheit beschränken müßte. Sind vielmehr mehrere Emissionen von derselben Person zu verschiedenen Zeiten unter ganz gleichen Bedingungen vorgenommen, so schließen sich diese Einheiten zu einem Verbande zusammen (KB. 2). S. oben S. 18.

Ferner können unter das Gesetz fallen die Schuldverschreibungen derjenigen Unternehmungen, deren Geschäftsbetrieb in der Ausgabe solcher Schuldverschreibungen besteht, z. B. die Hypothekenpfandbriefe, Kommunal- und Kleinbahnobligationen der Hypothekenbanken (vergl. § 35 Abs. 4, § 41 Abs. 1, § 42 Abs. 1 des Hypothekenbankgesetzes vom 13. Juli 1899) und der sonstigen Bodenkreditanstalten, sofern diese nicht Körperschaften des öffentlichen Rechtes sind, vergl. § 24. Die Ausgabe der genannten Papiere erfolgt häufig nicht durch einen einheitlichen Emissionsakt, sondern allmählich je nach Bedarf und Möglichkeit. Sie werden jedoch nicht für einen einzelnen Fall ausgestellt. Vielmehr erscheint der gesammte Geschäftsbetrieb des Unternehmens als eine einheitliche Kreditoperation, und der einzelne Pfandbrief u. s. w. stellt sich wirthschaftlich nur als Theil der gesammten Pfandbriefschuld des Unternehmens dar.

In Betracht kommt aber immer nur das Hauptpapier; Zinsscheine u. s. w. bilden keinen selbständigen Verband, auch wenn sie vom Hauptpapier getrennt sind, s. unten Anm. 3 S. 28.

e Schließlich müssen aber noch ausgeschieden werden die Banknoten auch der Privatnotenbanken. Ein unanfechtbarer Grund hierfür läßt sich zwar aus dem Wortlaute des Gesetzes nicht entnehmen. Die Anwendung des Gesetzes auf Banknoten würde aber deren wirthschaftlicher Funktion als Zahlungsmittel widerstreiten (anders Merzbacher Anm. 8 f.).

Zu III. Nur diejenigen Schuldverschreibungen der unter II bezeichneten Art können zu einem Verbande vereinigt werden, welche den Gläubigern nach dem Verhältniß ihrer möglicherweise verschiedenen Nennwerthe gleiche Rechte gewähren. Hierzu bemerkt Begr. 11: „Es genügt zu der Herstellung der Interessengemeinschaft, wenn den Besitzern der Schuldverschreibungen gleiche Rechte, namentlich in Ansehung der Rückzahlung, der Verzinsung und der etwa eingeräumten Sicherheit zustehen. Eine Ungleichheit der Rechte, welche die Vereinigung der Schuldverschreibungsbesitzer zu einem einheitlichen Verband ausschließt, liegt unter Anderem auch dann vor, wenn bezüglich der Zeit für die Rückzahlung des Kapitals verschiedene Bedingungen festgesetzt sind, beispielsweise, wenn neben Schuldverschreibungen, die einer planmäßigen Verloosung unterliegen, solche Verschreibungen in Frage stehen, die von dem Schuldner nach Belieben gekündigt werden können. Andererseits wird selbstverständlich durch eine Verschiedenheit der Zinstermine allein noch keine Ungleichheit der Rechte begründet, sofern nur die Zinszahlungen für alle Schuldverschreibungen in denselben Zwischenräumen, etwa halbjährlich oder jährlich stattfinden." In der Reichstagskommission ist gegenüber dem Antrage, gleiche Rechte nur hinsichtlich der Sicherheiten zu verlangen, damit nicht schon die geringsten Verschiedenheiten in den Kündigungsbestimmungen die Zusammenfassung zu einem Verbande hinderten, betont worden, daß ein grundlegender Gedanke des Gesetzes sei, daß nur Gleichberechtigte gleiche Interessen haben könnten und zu einer Gemeinschaft zusammenzufassen seien (KB. 5). Hiernach ist es mit dem in Rede stehenden Erfordernisse streng zu nehmen. Insbesondere kann über eine Ungleichheit der gewährten Rechte nicht deshalb hinweggegangen werden, weil eine Interessenkollision daraus nicht entstehen kann; vielmehr dürfen nur solche Ungleichheiten unberücksichtigt bleiben, welche, wie die in der Begründung erwähnte Ungleichheit, nicht die Rechtslage der Gläubiger, sondern lediglich äußerliche Punkte betreffen. Als solche belanglose Ungleichheiten sind ferner zu nennen eine Verschiedenheit in der Anzahl der den Schuldverschreibungen beigegebenen Zinsscheine oder, wenn den einen Schuldverschreibungen Talons beigegeben sind, den anderen nicht, ferner verschiedene Kündigungstermine, sofern nur die Kündigung für alle Schuldverschreibungen gleich häufig, etwa halb- oder vierteljährlich und auch sonst unter gleichen Voraussetzungen zugelassen ist, oder eine Verschiedenheit der Stellen, an welchen die Leistungen des Schuldners zu erfolgen haben. Dagegen liegt eine die Zusammenfassung zu einem Verbande ausschließende Verschiedenheit der Rechte z. B. vor, wenn die Leistung bei den einen Schuldverschreibungen dem Gläubiger zu übermitteln, bei den anderen von dem Gläubiger abzuholen ist, wenn die Kündigungsfristen verschieden oder bei den einen Schuldverschreibungen die Kündigung für einen längeren Zeitraum ausgeschlossen ist, als bei den anderen, wenn, auch bei gleichem Zinsfuße, die Zinszahlung für die einen vierteljährlich, für die anderen halbjährlich erfolgt, wenn für die Schuldverschreibungen in verschiedener Weise durch verschiedene Werthe mit verschiedener Rangordnung Sicherheit bestellt ist, u. s. w. Ob die Schuldverschreibungen bei der amtlichen Feststellung des Börsenpreises unterschieden werden oder nicht, ist nicht ausschlaggebend. Es genügt aber nicht, daß die Schuldverschreibungen mit gleichen Rechten ausgestellt sind, sondern es darf auch späterhin keine Verschiedenheit der Rechte eingetreten sein. Dies ist ausdrücklich in der Reichstagskommission betont worden mit Rücksicht auf einen Fall, in welchem ein Theil der Besitzer der nämlichen Gattung von Schuldverschreibungen in eine Herabsetzung der Zinsen gewilligt, ein Theil die Herabsetzung verweigert hatte. In einem solchen Falle scheiden vielmehr die Schuldverschreibungen, deren Zinsfuß herabgesetzt ist, aus dem ursprünglichen Verband aus und bilden einen neuen Verband (KB. 5). Uebrigens wird, wenn die Umschreibung eines Inhaberpapiers auf den Namen eines bestimmten Berechtigten erfolgt ist, nicht angenommen werden dürfen, daß das Papier durch die Umschreibung aus dem Verband ausscheidet. Es scheiden aber die Schuldverschreibungen aus dem Verband aus, die gekündigt, ausgeloost oder fällig werden. Dies folgt einmal aus dem Grundsatze der Interessengemeinschaft und ergiebt sich ferner aus § 12 Abs. 1, nach welchem ein Beschluß über Verzicht auf Gläubigerrechte für alle Gläubiger gleiche Bedingungen festsetzen muß. Dies wäre bei einem Zinsherabsetzungsbeschluß in Ansehung der bereits fälligen Papiere nicht möglich. Daß die Absicht des Gesetzgebers nicht entgegensteht, ergiebt sich daraus, daß die Reichstagskommission zwar auch die fälligen aber noch nicht eingelösten Schuldverschreibungen als noch im Umlaufe befindlich erachtete, damit jedoch die Frage, ob Schuldverschreibungen zufolge Ausloosung oder Fälligkeit einer besonderen Klasse zuzuweisen seien, nicht entscheiden wollte. Die gekündigten oder fälligen Schuldverschreibungen bilden einen Verband für sich, oder, wenn die Fälligkeit zu verschiedenen Terminen eintritt, mehrere Verbände. Vergl. unten zu IV S. 27.

Andererseits ist es möglich, daß Schuldverschreibungen mit verschiedenen Rechten ausgestellt sind, später aber die Rechtslage der Gläubiger beider Gattungen völlig die gleiche wird. Wenn z. B. zwei Gattungen von Schuldverschreibungen ausgegeben sind, von denen die eine mit dem 1. Januar 1905, die andre mit dem 1. Januar 1906 kündbar wird, während sonst den Gläubigern gleiche Rechte eingeräumt sind, so fällt vom 1. Januar 1906 ab jede Verschiedenheit zwischen den noch nicht gekündigten Schuldverschreibungen der ersten Gattung und den Schuldverschreibungen der zweiten Gattung fort; oder wenn gemäß § 11 Abs. 1 ein Zinsherabsetzungsbeschluß gefaßt wird und durch diese Herabsetzung eine Gleichheit der Rechte mit anderen Schuldverschreibungen desselben Ausstellers eintritt. Die Frage, ob nunmehr ein einheitlicher Verband für beide Gattungen entsteht, wird zu verneinen sein, da die Schuldverschreibungen bei ihrer Ausstellung den Gläubigern nicht gleiche Rechte gewährten. Anders verhält es sich, wenn von zwei verschiedenen Gattungen von Schuldverschreibungen die eine konvertirt wird und dadurch Gleichheit der Rechte herbeigeführt wird. Da die Konversion, in welchen äußeren Formen sie sich auch vollziehen mag, rechtlich einer Einziehung der alten Schuldverschreibungen und die Ausgabe neuer gleichsteht, so treten die konvertirten Schuldverschreibungen in den Verband der anderen Gattung ein, s. oben S. 18.

Zu IV. Auf Grund der Beschlüsse der Reichstagskommission stellt das Gesetz für das Zustandekommen eines Verbandes auf die Zahl und den Betrag der ursprünglich ausgegebenen Schuldverschreibungen ab; die Zahl und den Betrag der noch im Umlaufe befindlichen Schuldverschreibungen berücksichtigt es nur insofern, als es bei dem Sinken des Umlaufs unter eine bestimmte Grenze die Auflösung des Verbandes eintreten läßt, § 2. Damit ist nicht gesagt, daß ein Verband nur bestehen kann, wenn er mindestens so viel noch im Umlaufe befindliche Schuldverschreibungen umfaßt, wie im § 2 angegeben. Vielmehr kann ein Verband bereits unter diese Grenze hinabgesunken sein, ohne daß die Auflösung eintritt. Beträgt z. B. eine Schuld noch 150000 M., 75000 M. sind aber bereits gekündigt aber noch nicht eingelöst, so beträgt der Umlauf 150000 M. (vgl. Anm. 1 zu § 2), dem ursprünglichen Verbande gehören aber nur noch die ungekündigten 75000 M. an, vergl. oben unter III S. 25, 26. Dabei entsteht die Frage, ob die Besitzer der 75000 M. gekündigter Schuldverschreibungen einen neuen Verband bilden. Die Frage wird zu bejahen sein, da die Voraussetzungen, welche § 1 für die Entstehung des Verbandes aufstellt, auch für sie vorhanden und die Voraussetzungen des § 2 für die Auflösung des Verbandes bei ihnen gleichfalls nicht gegeben sind. Auch entspricht es einem praktischen Bedürfnisse, daß den Inhabern gekündigter, sowie den Inhabern bereits fälliger Schuldverschreibungen die Möglichkeit gegeben wird, eine Stundung zum Zwecke der Sanierung des Schuldners zu beschließen (§ 11).

Ausgegeben ist eine Schuldverschreibung, sobald sie an einen Dritten gelangt ist, der sie nicht ausschließlich für den Schuldner haben soll. Ausgegeben ist also eine Schuldverschreibung noch nicht, solange sie sich als

Eigenthum des Ausstellers bei dem Bankier befindet, dessen sich der Aussteller nur als Verkaufsstelle bedient. Sie muß erst von diesem weiter veräußert sein.

[3]) Die Berechtigung zur Ausübung des Stimmrechts in den Versammlungen steht nur den Gläubigern aus den Schuldverschreibungen zu, und zwar nur den Gläubiger aus den Hauptpapieren. Sind zu dem Hauptpapiere gehörige Zinsscheine weiterveräußert, so steht dem Erwerber des Zinsscheins kein Stimmrecht zu. Der Gläubiger aus dem Hauptpapiere bleibt vielmehr befugt, das Stimmrecht auch in Betreff der Zinsforderung auszuüben, s. jedoch unten Anm. 6 S. 35 a. E. Der Schuldner aus der Schuldverschreibung kann nicht auch Gläubiger sein. Besitzt er selbst noch im Umlaufe befindliche Schuldverschreibungen, so ruht das Stimmrecht, § 10 Abs. 4, § 21.

I. Bei der Frage, wer Gläubiger aus der Schuldverschreibung ist, muß zwischen den verschiedenen Arten von Papieren unterschieden werden.

a Bei Inhaberpapieren ist Gläubiger der Eigenthümer des Papiers. Es bedarf jedoch nicht des Nachweises des Eigenthums, vielmehr erscheint schon der Inhaber zur Ausübung des Stimmrechts legitimirt auf Grund der für den Besitzer streitenden Eigenthumsvermuthung, § 1006 BGB. Der § 793 BGB. betrifft nur das Verhältniß zwischen Inhaber und Schuldner; hier handelt es sich aber um das Verhältniß der Schuldverschreibungsbesitzer untereinander. Daraus folgt, daß, wenn der Nachweis geführt ist, daß der Inhaber nicht Eigenthümer des Papiers und somit nicht Gläubiger ist, auch seine Legitimation zur Stimmabgabe in der Gläubigerversammlung entfällt, ohne daß es noch des Nachweises bedarf, daß er zur Verfügung über die Urkunde nicht berechtigt sei. Vielmehr ist der Nachweis einer trotz des Mangels der Gläubigereigenschaft bestehenden Berechtigung zur Stimmabgabe von demjenigen zu erweisen, welcher diese Berechtigung behauptet.

b Bei Orderpapieren, sei es, daß sie nach Maßgabe des § 363 HGB. durch Indossament übertragbar sind (kaufmännische Verpflichtungsscheine § 363 Abs. 1 Satz 2 HGB.), sei es, daß das Indossament nur als vereinfachte Legitimationsform gilt, ist das Eigenthum an dem Papier und damit das Gläubigerrecht durch eine zusammenhängende, bis auf die das Stimmrecht geltendmachende Person hinuntergehende Reihe von Indossamenten nachzuweisen. Ist das Papier mit einem Blankoindossamente versehen, so gilt das unter a Bemerkte.

c Bei Rektapapieren muß der Gläubiger in dem Papiere namhaft gemacht sein. Ist eine Abtretung der Forderung zulässig (§ 399 BGB.) und erfolgt, so hat der neue Gläubiger, wenn nicht ein Anderes bestimmt ist, den Rechtsübergang nach Maßgabe der Vorschriften nachzuweisen, die für die Abtretung einer Forderung gelten.

II. Der Grundsatz, daß nur der Gläubiger aus der Schuldverschreibung (oder dessen gesetzlicher Vertreter, vergl. §§ 1627, 1685, § 1638 Abs. 1, §§ 1909, 1793, 1812, 1822 Nr. 13 BGB.) stimmberechtigt ist, kann eine Ausnahme erleiden, wenn das Gläubigerrecht nicht unbeschränkt ist. Positive Bestimmungen über das Stimmrecht in solchen Fällen sind in das Gesetz nicht aufgenommen worden, weil die Entscheidung aus allgemeinen Rechtsgrundsätzen zu entnehmen ist (KB. 10). Es sind folgende Fälle zu unterscheiden:

a) Die Schuldverschreibung ist verpfändet.

In der Reichstagskommission ist von einem Regierungsvertreter ausgeführt worden: „Ist die Schuldverschreibung verpfändet, so übt nach § 1258 Abs. 1, § 745 BGB. der Pfandgläubiger das Stimmrecht insoweit aus, als es sich nicht um einen Beschluß handelt, durch welchen das Recht des Gläubigers aufgegeben oder beeinträchtigt werden soll. Handelt es sich um einen solchen Beschluß (vgl. § 11 Abs. 1), so steht das Stimmrecht dem Gläubiger zu; nach § 1276 des Bürgerlichen Gesetzbuchs kann aber der Gläubiger das Stimmrecht in einem solchen Falle nur mit Zustimmung des Pfandgläubigers ausüben. Die Zustimmung dazu kann gemäß §§ 182, 183 des Bürgerlichen Gesetzbuchs von dem Pfandgläubiger in unwiderruflicher Weise ertheilt werden."

Die Berufung auf § 1258 BGB., der übrigens, was Seuffert, Ztschrft. f. Deutsch. Civilprozeß Bd. 27 S. 118 Anm. 1 anscheinend übersieht, im § 1273 auf Rechte für entsprechend anwendbar erklärt ist, beruht auf dem Gedanken, daß das mit der Schuldverschreibung verbundene Stimmrecht als Ausfluß des Antheilsrechts erscheint, welches dem einzelnen Gläubiger an den durch das Gesetz begründeten gemeinschaftlichen Rechten zusteht, und daß, da dieses Antheilsrecht mitverpfändet ist, in betreff dieses Rechtes (nicht in betreff des in der Schuldverschreibung verbrieften Forderungsrechts) die Grundsätze über die Verpfändung des Antheils an einem gemeinschaftlichen Rechte entsprechende Anwendung zu finden haben. Wenn Seuffert dagegen in Verallgemeinerung des den §§ 1276, 1281 BGB. zu Grunde liegenden Gedankens annehmen will, daß das Stimmrecht nur gemeinschaftlich auszuüben ist, so ist zu entgegnen, daß §§ 1276, 1281 nur Rechtshandlungen betreffen, die auf den Bestand des verpfändeten Rechtes einwirken. Hier handelt es sich jedoch nicht stets um solche Beschlüsse, und der Fall des § 1281 BGB. kann überhaupt nicht in Frage kommen. § 1276 aber verlangt ein Handeln mit Zustimmung des Pfandgläubigers und kein gemeinschaftliches Handeln. Bedenken gegen die in der Reichstagskommission geäußerte Ansicht können vielmehr nur daraus hergeleitet werden, daß es zweifelhaft erscheint, ob das Pfandrecht an dem Forderungsrecht auch das Stimmrecht ergreift. In dem Pfandrecht ist in der Regel nur das Recht enthalten, sich aus dem Pfande zu befriedigen, und der Eigenthümer des verpfändeten Vermögensstücks soll aus seiner Rechtsstellung nur insoweit verdrängt werden, als es die Erhaltung des Vermögensstücks erfordert. Dem würde es entsprechen, die Frage nach der Berechtigung zur Ausübung des Stimmrechts im Falle der Verpfändung der Schuldverschreibung dahin zu entscheiden, daß die Regel des Gesetzes Geltung behält und der Gläubiger aus der Schuldverschreibung stimmberechtigt bleibt, jedoch mit der Maßgabe, daß, wenn es sich um eine Aufgabe oder eine Aenderung von Rechten der Gläubiger handelt, welche das Pfandrecht beeinträchtigt (vergl. § 11 Abs. 1, § 14 Abs. 3), gemäß § 1276 BGB., abgesehen von dem im § 10 Abs. 4 bezeichneten Falle, die Zustimmung des Pfandgläubigers erforderlich wird. Die Zustimmung kann vor der Fassung des Beschlusses (Einwilligung § 183 BGB.) oder nachher (Genehmigung § 184 BGB.) ertheilt werden und ist dem Eigenthümer gegenüber zu erklären, vergl. Anm. 2 zu § 8. Sie kann auch in der Versammlung dem Verbande gegenüber erfolgen. Ist die Zustimmung nicht ertheilt, so darf die abgegebene Stimme bei der Feststellung des Ergebnisses nicht berücksichtigt werden. Ueber die Hinterlegung der verpfändeten Schuldverschreibung vergl. § 10 Abs. 2 und Anm. 7 dazu.

b An der Schuldverschreibung ist ein Nießbrauch bestellt.

Hierzu ist bemerkt worden (KB. 10): „Aehnlich wie beim Pfandrechte verhält sich die Sache bei einem Nießbrauch an der Schuldverschreibung (§§ 1066, 1068, 1071 BGB.)." Auch hier werden gegen die Berufung auf § 1066 BGB. die unter a gegen die Berufung auf § 1258 BGB. geäußerten Bedenken Platz greifen. § 1074 BGB. umschreibt die Rechte des Nießbrauches einer Forderung, vergl. auch §§ 1081 bis 1083 BGB. Eine Befugniß des Nießbrauchers zur Ausübung des Stimmrechts ist aus diesen Vorschriften nicht zu entnehmen.

Das Stimmrecht wird daher auch hier dem Gläubiger gebühren, jedoch mit der aus § 1071 BGB. sich ergebenden Beschränkung, für die dasselbe gilt, wie das unter a zu § 1276 BGB. bemerkte.

c Die Schuldverschreibung gehört zu einem Nachlasse, den ein Testamentsvollstrecker verwaltet.

Das Stimmrecht wird von dem Testamentsvollstrecker ausgeübt, §§ 2205, 2211 BGB. (KB. 10).

d Die Schuldverschreibung gehört zu einer Nacherbschaft.

„Das Stimmrecht steht dem Vorerben zu. Soweit es sich jedoch um eine Hypothekenforderung, Grundschuld oder Rentenschuld handelt und durch den Beschluß ein Recht des Gläubigers aufgegeben oder beschränkt werden soll, nur mit Zustimmung des Nacherben; dieser Zustimmung bedarf es nicht, wenn der Erblasser den Vorerben von der Verfügungsbeschränkung befreit hat, §§ 2112 bis 2114, 2136, 2137 BGB." (KB. 10).

e Die Schuldverschreibung gehört zum eingebrachten Vermögen einer Ehefrau.

„Der Mann übt kraft eigenen Rechtes das Stimmrecht aus, soweit es sich nicht um einen Beschluß handelt, durch welchen Rechte der Frau an der Schuldverschreibung aufgehoben oder beeinträchtigt werden sollen. Anderenfalls steht der Frau das Recht der Ausübung zu; jedoch bedarf sie dazu der Zustimmung des Mannes; mit Zustimmung der Frau kann auch der Mann das Stimmrecht ausüben, jedoch nicht als sein eigenes, sondern als das der Frau, §§ 1374 bis 1376, 1395 ff. BGB." (KB. 10).

[4]) Der Gegenstand der Beschlüsse ist durch § 1 Abs. 1 positiv nur dahin bestimmt, daß die Beschlüsse zur Wahrung der gemeinsamen Interessen gefaßt sein

müssen. Begr. 12 bemerkt hierzu: „Welche Maßnahmen zur Wahrung der gemeinsamen Interessen erforderlich erscheinen und daher als Gegenstand der Beschlußfassung in Betracht kommen, hängt von den Umständen des einzelnen Falles ab. Aus der eingeräumten allgemeinen Befugniß ergiebt sich, daß die Versammlung auch einen weiteren Ausbau der Organisation vornehmen, insbesondere zur Unterstützung und Ueberwachung des Vertreters diesem einen Ausschuß an die Seite setzen kann. Es steht auch nichts im Wege, Einrichtungen solcher Art dauernd mit dem Unternehmen des Ausstellers zu verbinden, und zwar kann der letztere selbst die Anregung hierzu durch Anträge bei der Gläubigerversammlung geben." Wegen der Anfechtbarkeit eines nicht zur Wahrung der gemeinsamen Interessen gefaßten Beschlusses siehe unten Anm. 6b S. 36.

In negativer Beziehung sind nur die Vorschriften getroffen, daß der Beschluß die Gläubiger nicht zu Leistungen verpflichten darf (vgl. § 1 Abs. 3, s. aber § 14 Abs. 4) und daß ein auf Beschränkung oder Aufgabe der Gläubigerrechte gerichteter Beschluß nur unter besonderen Umständen und Beschränkungen zulässig ist (vgl. §§ 11—13, § 18 Abs. 6). Begr. 13 weist noch darauf hin, daß der Gläubigerversammlung nicht die Befugniß eingeräumt werden könne, die rechtliche Natur der Schuldverschreibungen zu ändern, insbesondere die Gläubiger zu Mitgliedern einer Gesellschaft zu machen, die das Unternehmen des Schuldners selbst betreiben soll. Ein solches Abkommen dürfe nicht durch Mehrheitsbeschluß zu Stande gebracht werden, vielmehr müsse der Beitritt dem freien Willen des Einzelnen überlassen bleiben. Die Unzulässigkeit solcher Beschlüsse sei auch ohne besondere gesetzliche Vorschrift selbstverständlich, folge übrigens auch aus § 1 Abs. 3 und § 12 Abs. 3.

5) Die Worte „nach Maßgabe dieses Gesetzes" sind von der Reichstagskommission eingeschoben zur Klarstellung des

Standpunktes, daß die allgemeinen Anfechtungsgründe für Willenserklärungen auch für Gläubigerbeschlüsse gelten und zum Hinweise darauf, daß Beschlüsse, welche die Aufgabe oder Beschränkung von Rechten der Gläubiger enthielten, an gewisse Beschränkungen und Bedingungen geknüpft seien, §§ 11, 12 (KB. 7). Die Anfechtung der Beschlüsse ist Anm. 6 unter b im Zusammenhange behandelt. Was die Beschränkung der verbindlichen Kraft der Gläubigerbeschlüsse auf die ihnen von dem Gesetz angewiesenen Grenzen anlangt, so kommt auch noch § 1 Abs. 3 in Betracht. Vgl. im Einzelnen Anm. 4 zu § 1 Abs. 3 und § 11 Abs. 1.

[6]) a Die verbindliche Kraft erstreckt sich auf alle Gläubiger der bezeichneten Art. Damit wird zum Ausdrucke gebracht, daß nicht nur diejenigen Gläubiger, welche dem Beschlusse zugestimmt haben, sondern jeder zu demselben Verbande gehörige Gläubiger durch den Beschluß gebunden ist, ferner daß nicht nur die zur Zeit der Fassung des Beschlusses zum Verbande gehörigen Gläubiger, sondern auch jeder später in den Verband eintretende Gläubiger durch den Beschluß gebunden ist, solange der Beschluß nicht durch einen neuen Beschluß aufgehoben wird, oder die Auflösung des Verbandes (§ 2) die Aufhebung zur Folge hat. Dies gilt einmal für diejenigen Gläubiger, welche in den Verband eintreten durch Erwerb einer bei der Beschlußfassung bereits ausgegebenen Schuldverschreibung. Über die Frage, wie sich diese Folge zu den Grundsätzen über die Werthpapiere öffentlichen Glaubens (Skripturobligationen) verhält, s. unten S. 35. Es gilt ferner aber auch für diejenigen, welche durch den Erwerb einer erst nach der Beschlußfassung ausgegebenen Schuldverschreibung in den Verband eintreten, s. oben Anm. 2 S. 18. Vergrößert sich der Verband durch die Ausgabe neuer Schuldverschreibungen derselben Gattung, so sind die Gläubiger aus diesen Schuldverschreibungen an die von dem Verbande früher gefaßten

Beschlüsse gebunden, trotzdem sie sich an diesen Beschlüssen nicht betheiligen konnten, insbesondere vertritt ein gewählter Vertreter auch sie.

Auch in Ansehung der Werthpapiere öffentlichen Glaubens d. h. derjenigen Werthpapiere, deren Wortlaut zu Gunsten des gutgläubigen Erwerbers unbedingt maßgebend ist, Inhaberpapiere und indossablen Papiere (§§ 793, 796 BGB., § 364 HGB., Brunner in Endemanns Handbuch des Handelsrechts Band II Seite 168 ff.) muß angenommen werden, daß die von der Gläubigerversammlung gefaßten Beschlüsse den späteren Erwerber der Schuldverschreibung selbst dann binden, wenn sie den in der Urkunde niedergelegten Inhalt des Schuldversprechens abändern, vgl. § 11 Abs. 1. Es ist nicht angängig, diese Folge davon abhängig zu machen, daß der Beschluß auf den Schuldverschreibungen vermerkt wird. Anderenfalls könnten die in der Versammlung nicht erschienenen Gläubiger, die dem Schuldner zumeist persönlich nicht bekannt sein werden, die Wirkung des Beschlusses vereiteln. Ebensowenig ist die im § 12 Abs. 2 vorgeschriebene Bekanntmachung hier von Bedeutung. Die Wirkung tritt vielmehr nach dem klaren Wortlaute des Gesetzes sofort und unbedingt mit dem Zustandekommen des Beschlusses gegenüber jedem Gläubiger aus einer Schuldverschreibung der in Frage kommenden Gattung ein. Der Inhalt der Schuldverschreibung gilt ohne Weiteres als nach Maßgabe des Beschlusses geändert.

Wie oben Anm. 3 S. 28 hervorgehoben, sind nur die Gläubiger aus dem Hauptpapiere stimmberechtigt. Sind Zinsscheine ausgegeben und diese ohne das Hauptpapier veräußert, so fragt es sich, ob der Gläubiger aus dem Zinsschein auch an Beschlüsse der Gläubigerversammlung gebunden ist, welche die Zinsforderung betreffen, vgl. § 11 Abs. 1. Aus der rechtlichen Natur des Zinsscheins ist die Bejahung der Frage nicht zu folgern. Wird die Frage verneint, so müßte dem Schuldner die Befugniß eingeräumt werden, wenn ein Zinsherabsetzungsbeschluß gefaßt ist, er aber genöthigt wird, an den Gläubiger aus dem Zinsscheine die vollen Zinsen zu zahlen, bei Einlösung der Hauptschuldverschreibung den zuviel gezahlten Betrag einzubehalten, vgl. § 803 BGB. Dies widerspricht jedoch dem Zwecke des Zinsherabsetzungsbeschlusses, Konkurs oder Zahlungseinstellung abzuwenden, und ferner entstehen praktisch unlösbare Schwierigkeiten dadurch, daß der Beschluß jedenfalls nur gegenüber solchen Zinsscheinbesitzern unwirksam sein würde, welche die Zinsscheine ohne das Hauptpapier vor Fassung des Beschlusses erworben haben; es fehlt aber eine Möglichkeit, bei der Vorlegung des Zinsscheins diese Thatsache festzustellen. Geht der Beschluß nur auf eine Stundung der Zinsen, so bietet sich für den Schuldner überhaupt kein Ausweg. Dem Zwecke des Gesetzes wird vielmehr nur die Auffassung gerecht, daß der Inhaber des vom Hauptpapiere getrennten Zinsscheins den Beschlüssen der Gläubigerversammlung unterworfen ist.

b Die Anfechtung der Beschlüsse. Von besonderen Vorschriften über Form, Zeit und Geltendmachung der Anfechtung von Versammlungsbeschlüssen, wie sie §§ 271—273 HGB. hinsichtlich der Anfechtung von Generalversammlungsbeschlüssen enthält, hat das Gesetz abgesehen. Eine dem Beschluß anhaftende Nichtigkeit oder Anfechtbarkeit kann daher von jedem Betheiligten jedem Betheiligten gegenüber im Wege der Klage oder der Einrede geltend gemacht werden (Begr. 20) und die Anfechtung ist bloß dann an bestimmte Voraussetzungen gebunden, wenn nach den allgemeinen Vorschriften der Mangel, auf den sich die Anfechtung gründet, nur unter bestimmten Voraussetzungen geltend gemacht werden darf, vgl. § 124 BGB. Bei dem Fehlen einer dem § 273 Abs. 1 Satz 1 HGB. entsprechenden Vorschrift bleibt es auch bei dem Grundsatze des § 325 CPO. Eine Klage auf Nichtigkeitserklärung mit Wirkung für und gegen alle

Gläubiger ist nicht gegeben. Die Anfechtung durch den einzelnen Gläubiger kann immer nur für ihn Wirkung haben, vgl. Riesser S. 84, 85. Eine für alle Gläubiger wirksame Anfechtung kann aber durch den Verband zur Wahrung der gemeinsamen Interessen erfolgen.

Einen speciellen Anfechtungsgrund für Versammlungsbeschlüsse erwähnt das Gesetz nur im § 12 Abs. 1 Satz 4, vgl. Anm. 4 dazu. Im Uebrigen kann sich die Anfechtung darauf stützen, daß dem Beschlusse die verbindliche Kraft mangelt, weil gegen das Gesetz verstoßen ist. Es kommt in Betracht:

daß der Beschluß in einer nicht ordnungsmäßig berufenen Versammlung gefaßt ist, vgl. §§ 3—7;

daß der Beschluß nicht ordnungsmäßig zu Stande gekommen ist, vgl. §§ 8—13, z. B. weil es an den formellen Erfordernissen vgl. § 9 (vgl. auch § 12 Absatz 1 Satz 2 und Anm. dazu), oder an den erforderlichen Majoritäten, vgl. § 10 Abs. 1, § 11 Abs. 2 gefehlt hat. Im letzteren Falle wird namentlich in Frage kommen, ob das Stimmrecht nur von Stimmberechtigten ausgeübt ist, s. oben Anm. 3 S. 28 ff.;

daß der Beschluß nicht zu einem gesetzlich zugelassenen Zwecke gefaßt ist. Jeder Beschluß unterliegt der Anfechtung, der nicht zur Wahrung der gemeinsamen Interessen gefaßt ist, sei es, daß er solche Interessen überhaupt nicht betrifft, sei es, daß die Mehrheit diese Interessen nicht im Auge gehabt, sondern andere Zwecke, z. B. die Begünstigung des Schuldners oder den eigenen Nutzen, verfolgt hat. Dagegen ist die Frage, ob der Beschluß in Wirklichkeit dem gemeinsamen Interesse der Gläubiger dienlich ist, wie in der Reichstagskommission besonders betont wurde, der Nachprüfung durch den Prozeßrichter entzogen (KB. 6). Für die Beschlüsse, durch welche auf Gläubigerrechte verzichtet wird, gilt außerdem das Besondere, daß sie zur Abwendung einer Zahlungseinstellung oder des Konkurses des Schuldners gefaßt sein müssen, § 11 Abs. 1; s. aber § 18 Abs. 6.

daß der Beschluß einen gesetzlich nicht zulässigen Inhalt hat, vgl. § 1 Abs. 3 und oben Anm. 4 S. 32, § 12 Abs. 1, 3.

Ferner kann der Beschluß aus den nämlichen Gründen angefochten werden, aus denen jede Willenserklärung der Anfechtung unterliegt, also gemäß §§ 117—124 BGB. Da die Willenserklärung der Mehrheit zugleich als Willenserklärung der Minderheit gilt, so folgt, daß soweit die Willenserklärung der Mehrheit mit einem die Anfechtung begründenden Mangel behaftet ist, auch ein zur Minderheit gehöriger Gläubiger diesen Mangel geltend machen kann (KB. 6).

7) S. das nähere in §§ 14—17.

8) Die Beschränkung bezweckt, die einzelnen Gläubiger vor Eingriffen zu wahren, durch die ihre Rechte und Interessen in unbilliger und besonders empfindlicher Weise verletzt werden könnten (Begr. 12). S. auch oben Anm. 4 Seite 32. Die Vorschrift enthält zwingendes Recht. Sie bezieht sich nicht nur auf Geldleistungen, die allerdings vorwiegend in Frage kommen werden, sondern betrifft Leistungen jeder Art. Sie schließt nicht nur einen Beschluß aus, der unmittelbar den Schuldverschreibungsbesitzern Leistungen auferlegt, sondern verhindert auch, daß aus einer auf Grund eines Versammlungsbeschlusses vorgenommenen Handlung ein Anspruch auf eine Leistung gegen die Gesammtheit der Schuldverschreibungsbesitzer als solche entstehen kann. S. aber bezüglich der Kosten eines von dem Verbande geführten Prozesses § 14 Abs. 4 Satz 2. Ueber die Kosten der Berufung und Abhaltung einer Versammlung ist im § 3 Abs. 3 und im § 4 Abs. 3 Satz 2 Bestimmung getroffen. Erfordert ein Beschluß der Gläubigerversammlung zu seiner Durchführung die Aufwendung der Kosten, so ist es, wie Begr. 13

bemerkt, Sache der betheiligten Gläubiger, die erforderlichen Mittel aufzubringen. Die Aufbringung der Mittel ist aber immer freiwillig, insbesondere kann aus der Zustimmung zu einem Beschluß eine Verpflichtung zur Kostentragung nicht hergeleitet werden.

Auflösung des Verbandes.

§ 2 ist von der Reichstagskommission beschlossen, um der bei einem Herabsinken der cirkulirenden Schuldverschreibungen unter eine gewisse Grenze gesteigerten Gefahr künstlicher Majoritäten vorzubeugen. Wegen der rechtlichen Bedeutung des § 2 vergleiche Anm. 2 IV zu § 1 Seite 27.

§. 2.

Sinkt der Gesammtbetrag der im Umlaufe befindlichen Schuldverschreibungen [1]) unter einhunderttausend Mark oder sinkt die Zahl der im Umlaufe befindlichen Stücke unter einhundert, so ist dies von dem Schuldner unverzüglich im Deutschen Reichsanzeiger bekannt zu machen. [2]) Von dem auf die Bekanntmachung folgenden Tage an können Gläubigerversammlungen auf Grund dieses Gesetzes nicht mehr abgehalten werden; mit dem bezeichneten Zeitpunkt erlischt das Amt eines von der Gläubigerversammlung bestellten Vertreters der Gläubiger. [3])

[1]) Sind von demselben Aussteller verschiedene Gattungen ausgegeben, so findet die Vorschrift auf jede Gattung für sich Anwendung.

Im Umlaufe befindlich ist eine ausgegebene Schuldverschreibung, so lange sie noch nicht zwecks Tilgung der Schuld von dem Schuldner zurückerworben ist. Werden solche Schuldverschreibungen wieder veräußert, so handelt es sich um eine Neuausgabe. Schuldverschreibungen, welche der Schuldner nicht zwecks Einlösung, sondern zu anderen Zwecken, z. B. zur Anlage verfügbaren Geldes (Dotirung des Reservefonds oder einer Pensionskasse) erworben hat, bleiben im Umlaufe. Die Reichstagskommission hat es ferner als ihre einhellige Meinung ausgesprochen, daß auch ausgelooste und bereits fällige Schuldverschreibungen, solange sie nicht wirklich eingelöst sind, als im Umlaufe befindlich zu betrachten sind, (KB. 13).

Die Vorschrift legt den Schuldverschreibungsumlauf zu Grunde ohne Rücksicht darauf, ob noch alle im Umlaufe befindliche Schuldverschreibungen demselben Verband angehören, vgl. Anm. 2 zu § 1 Seite 27. So ist, wenn von 150000 M. 100000 gekündigt und damit aus dem Verband ausgeschieden sind, die Bekanntmachung erst nach Einlösung der 100000 M. zu erlassen, da der Umlauf sich erst dann auf 50000 M. erniedrigt.

[2]) Strafvorschrift § 22. Die Bekanntmachung muß unverzüglich erfolgen. Unverzüglich ist nicht gleichbedeutend mit „sofort", bedeutet vielmehr „ohne schuldhaftes Zögern", § 121 BGB. Schuldhaft ist das Zögern, wenn es entweder absichtlich erfolgt oder wenn den Zögernden der Vorwurf der Fahrlässigkeit trifft (Planck, BGB. Anm. 1 zu § 121). In erster Linie hat der Schuldner durch seine Buchführung dafür zu sorgen, daß ein Sinken des Schuldverschreibungsumlaufs unter die bezeichnete Grenze alsbald zu seiner Kenntniß gelangt. Eine Versäumung dieser Pflicht kann bereits den Vorwurf der Fahrlässigkeit begründen. Im Uebrigen wird seine Verpflichtung, die Bekanntmachung zu beschleunigen, nach der Sachlage zu beurtheilen sein. Steht eine Bethätigung des Gläubigerverbandes in Frage, so ist ein strengerer Maßstab anzulegen, als wenn keine Bethätigung zu erwarten ist.

Für die vor dem Inkrafttreten des Gesetzes ausgegebenen Schuldverschreibungen ist die Bekanntmachung nur erforderlich, wenn der in Frage stehende Fall nach dem Inkrafttreten des Gesetzes eingetreten ist.

[3]) Maßgebend ist der Zeitpunkt der Bekanntmachung, nicht der Zeitpunkt, in welchem die Verminderung des Umlaufs eingetreten ist. Bis zum Ablaufe des Tages, der auf den Tag folgt, an welchem das die Bekanntmachung enthaltende Blatt erschienen ist, besteht der Verband (oder die Verbände, oben Seite 27) fort, und ist ungehindert, sich durch Beschlüsse oder in anderer Weise zu bethätigen. Von dem Zeitpunkt ab hört der Verband auf zu existiren und daraus folgt, daß auch alle diejenigen Beschlüsse mit diesem Zeitpunkt außer Kraft treten, die zu ihrer fortdauernden Wirksamkeit den Bestand des Verbandes zur Voraussetzung haben. Das Gesetz erwähnt nur das Erlöschen des Amtes des Vertreters. Ueber die Wirkungen, welche das Erlöschen des Amtes des Vertreters auf einen von dem Verbande geführten Prozeß hat, vgl. Anm. 6 zu § 14 Absatz 4. Ebenso werden aber auch alle anderen von dem Verbande getroffenen Einrichtungen aufgehoben.

Die Berufung der Gläubigerversammlung.

§§ 3—5 enthalten hauptsächlich Vorschriften über die zur Berufung befugten Stellen, §§ 6, 7 regeln die Berufung und die Bekanntmachung des Tagesordnung.

a §§ 3—5 enthalten zwingendes Recht, das weder einer Abänderung noch einer Erweiterung durch Bestimmungen in den Schuldverschreibungen fähig ist. Damit eine Versammlung im Sinne des § 1 Absatz 1 zu Stande kommt, muß die Berufung von einer durch das Gesetz als zuständig bezeichneten Stelle ausgegangen sein. Die Berufung der Versammlung kann ausgehen:

1. von dem Schuldner § 3 Absatz 1, 2, § 5 Absatz 2;

2. von Gläubigern oder einem der in §§ 14—17 genannten Vertreter auf gerichtliche Ermächtigung § 4 Absatz 1, vgl. § 6 Absatz 4;

3. von der Aufsichtsbehörde, welcher der Schuldner unterstellt ist, § 5 Absatz 2.

Im Falle des Konkurses des Schuldners erfolgt die Berufung durch das Konkursgericht, § 18 Absatz 2. Die von einer nicht befugten Stelle einberufene Versammlung kann als Versammlung im Sinne des § 1 Absatz 1 nicht angesehen werden und somit haben die gefaßten Beschlüsse keine verbindliche Kraft.

Im Uebrigen sind Vorschriften über die Kosten der Berufung und Abhaltung einer Versammlung getroffen, § 3 Absatz 3, § 4 Absatz 3 Satz 2, s. a. § 35 Absatz 4 des Hypothekenbankgesetzes. Das gerichtliche Verfahren in betreff der Ermächtigung von Gläubigern oder des Vertreters zur Berufung der Versammlung regeln § 4 und § 5 Absatz 1. § 5 Absatz 3 betrifft die Vertretung der Aufsichtsbehörde in der Versammlung. Zu § 3 Absatz 2 vgl. § 37 BGB., § 254 Abs. 1 HGB., zu § 4 vgl. § 254 Abs. 3 HGB.

b §§ 6, 7 enthalten gleichfalls zwingendes Recht. Indessen steht nichts im Wege, an die Form und Frist der Berufung und der Bekanntmachung noch weitere Anforderungen zu stellen. § 6 ordnet die Form der Berufung der Versammlung, § 7 die Bekanntmachung der Tagesordnung. Zu § 6 vgl. § 255 Abs. 1 HGB., zu § 7 vgl. § 256 Abs. 1, 2 HGB. Eine Verletzung der Vorschriften des § 6 schließt das Zustandekommen einer Versammlung aus, in der verbindliche Beschlüsse (§ 1 Abs. 1) gefaßt werden können, eine Verletzung der Vorschriften des § 7 verhindert, daß ein verbindlicher Beschluß (§ 1 Abs. 1) zu der nicht ordnungsmäßig oder nicht von der zuständigen Stelle bekannt gemachten Tagesordnung gefaßt werden kann. Jedoch wird man wenigstens bei einer Zuwiderhandlung gegen § 7 Abs. 1 Satz 2 annehmen dürfen, daß diese Folge nicht eintritt, wenn die Einflußlosigkeit des

Verstoßes auf die Beschlußfassung feststeht. Bei dem Mangel einer dem § 271 HGB. entsprechenden Vorschrift kann der nichtige Beschluß auch nicht durch die Unterlassung einer rechtzeitigen Anfechtung gültig werden. Ohne Anhalt ist auch die Annahme von Merzbacher Anm. 1 zu § 7, daß die Frist des § 121 Abs. 2 BGB. entsprechende Anwendung zu finden habe, denn es handelt sich nicht um einen Zwiespalt zwischen Willen und Erklärung, sondern um einen Mangel in den äußeren Voraussetzungen für die Verbindlichkeit eines Beschlusses.

c Ueber den Ort der Versammlung bestimmt das Gesetz nichts. Es ist deshalb zulässig, den Ort durch Festsetzung bei der Ausgabe der Schuldverschreibungen zu bestimmen. Auch durch Beschluß der Gläubigerversammlung wird ein Ort bestimmt werden können. Fehlt es an einer solchen Bestimmung, so ist die Versammlung an den Ort des Wohnsitzes oder der Niederlassung des Schuldners, und wenn dieser Ort mit dem Orte der Ausstellung nicht identisch ist, an den Ort der Ausstellung zu berufen. Daß im Falle des § 4 das Amtsgericht den Ort bestimmen kann, nimmt Riesser Seite 76 ohne gesetzlichen Anhalt an.

§. 3.

Die Versammlung wird durch den Schuldner berufen.[1])

Die Versammlung ist zu berufen,[2]) wenn Gläubiger, deren Schuldverschreibungen zusammen den zwanzigsten Theil des Gesammtbetrags der im Umlaufe befindlichen Schuldverschreibungen erreichen,[3]) oder ein von der Gläubigerversammlung bestellter Vertreter der Gläubiger[4]) die Berufung schriftlich unter Angabe des Zweckes und der Gründe verlangen.[5])

Die Kosten der Berufung und Abhaltung der Versammlung trägt, soweit nicht in diesem Gesetz ein Anderes vorgeschrieben ist, der Schuldner.[6])

[1]) Die Vorschrift des Abs. 1 geht davon aus, daß der Schuldner regelmäßig die erste Veranlassung haben wird, sich mit den Gläubigern ins Benehmen zu setzen (Begr. 13). Das Gesetz trifft nicht ausdrücklich Fürsorge für den Fall, daß die Berufung durch den Schuldner aus irgend welchen Gründen, z. B. weil der Schuldner flüchtig geworden ist, nicht erfolgen kann. Kann die Bestellung eines Pflegers (§ 1911 BGB.) für den Schuldner nicht erfolgen, so wird nichts Anderes übrig bleiben, als daß die Gläubiger oder der Vertreter sich unmittelbar nach Maßgabe des § 4 Abs. 1 an das Amtsgericht wenden, sofern nicht die Aufsichtsbehörde eingreifen kann, § 5.

[2]) Die Vorschrift des Abs. 2 findet auch auf die Ankündigung von Gegenständen zur Beschlußfassung entspr. Anwendung, § 7 Abs. 3. Die im § 3 Abs. 2 dem Schuldner auferlegte Pflicht hat zur Voraussetzung, daß das Verlangen nach Berufung einer Versammlung in der vorgeschriebenen Weise gestellt wird. Ein Mangel in dieser Voraussetzung giebt dem Schuldner ohne Weiteres das Recht zur Zurückweisung. Aber auch im Uebrigen ist die Vorschrift nicht so zu verstehen, daß ein ordnungsmäßig geäußertes Verlangen der Minderheit oder des Vertreters dem Schuldner unbedingt die Pflicht auferlegt, dem Verlangen nachzukommen, zumal ihm, wenn er dem Verlangen nachkommt, stets die Kosten auch einer überflüssigen Versammlung zur Last fallen, § 3 Abs. 3. Vielmehr kann er, wenn dem Verlangen ausreichende Gründe nicht zur Seite stehen (vgl. Anm. 2 zu § 4), ohne pflichtwidrig zu handeln, die Berufung ablehnen und dadurch die

Gläubiger zwingen, eine Entscheidung des Amtsgerichts, die ihn wenigstens von der Kostenpflicht befreien kann, nach Maßgabe des § 4 Abs. 1, 3 herbeizuführen. Anders Planck, Anm. 1 zu § 37 BGB., jedoch liegt dort die Sache insofern anders, als die Frage der Kostenpflicht nicht in Betracht kommt. Eine Klage der Gläubiger auf Berufung der Versammlung ist ausgeschlossen, es ist vielmehr gegenüber der Weigerung des Schuldners nur das im § 4 vorgeschriebene Verfahren zugelassen; indessen wird es auch für statthaft zu erachten sein, daß, wenn der Geschäftsbetrieb des Schuldners unter staatlicher Aufsicht steht, die Aufsichtsbehörde angegangen wird, vgl. § 5 Abs. 2.

3) Zu dem Verlangen sind nur Schuldverschreibungsbesitzer berechtigt. Ist das Gläubigerrecht nicht unbeschränkt, so gilt dasselbe, was in Anm. 3 II zu § 1 für diesen Fall bez. der Ausübung des Stimmrechts bemerkt ist. Steht dem Schuldner ein Pfandrecht an einer der in Betracht kommenden Schuldverschreibungen zu, so muß, selbst wenn im Allgemeinen die Ausübung des Rechtes, die Berufung zu verlangen, dem Pfandgläubiger zuzusprechen sein sollte, doch in diesem Falle in entsprechender Anwendung des dem § 10 Abs. 4 zu Grunde liegenden Gedankens dem Eigenthümer das Recht unbeschränkt zustehen. Die Legitimation als Schuldverschreibungsbesitzer ist dem Schuldner gegenüber gleichzeitig mit der Uebermittelung des Verlangens zu führen. Die Vorlegung der Schuldverschreibungen zu fordern, ist der Schuldner nicht befugt, wenn ihm der Besitz in anderer zweifelsfreier Weise, z. B. durch Vorlegung eines Depotscheins, nachgewiesen wird. Das Gesetz spricht von einer Vielzahl von Gläubigern. Ist aber der erforderliche Mindestbetrag von Schuldverschreibungen in der Hand eines Gläubigers, so ist dieser auch allein zu dem Verlangen befugt. Der Mindestbetrag des Schuldverschreibungsbesitzes, der zur Stellung des Antrages berechtigt, ist lediglich nach dem Nennwerthe, nicht nach der Stückzahl der im Umlaufe

befindlichen (vgl. Anm. 1 zu § 2) Verschreibungen zu berechnen.

Für die Beantwortung der Frage, ob der erforderliche Betrag erreicht ist, wird es häufig den Gläubigern an zuverlässigen Unterlagen fehlen, da auch, wenn der Schuldner seine Bilanz bekannt zu machen hat, doch meist die Angaben nicht für die einzelnen Gattungen von Schuldverschreibungen getrennt enthalten sein werden. Eine Auskunftspflicht des Schuldners besteht nicht (anders Merzbacher Anm. 3 zu § 3); § 11 Abs. 4 bezieht sich nur auf die in der Versammlung zu ertheilende Auskunft. Die Gläubiger werden also auf eine ungefähre Schätzung angewiesen sein und es ist dann Sache des Schuldners, einen nicht genügend unterstützten Antrag zurückzuweisen.

[4]) Vgl. § 14. Die Befugniß, das Verlangen zu stellen, ist neben der Befugniß aus § 15 die einzige Befugniß, die dem Vertreter kraft Gesetzes zusteht, die ihm also nicht ausdrücklich ertheilt zu werden braucht. Auch die in den §§ 16, 17 bezeichneten Vertreter der Gläubiger sind zur Stellung des Verlangens befugt, dagegen nicht der bei einer Hypothekenbank bestellte Treuhänder.

[5]) Der Angabe des Zweckes bedarf es mit Rücksicht auf die im § 7 Abs. 1 vorgeschriebene Bekanntmachung. Es sind demnach die Gegenstände, über welche Beschluß gefaßt werden soll, ihrem wesentlichen Inhalte nach zu bezeichnen, § 7 Abs. 2. Der Angabe der Gründe bedarf es insoweit, als klarzustellen ist, daß die Berufung die Wahrung der gemeinsamen Interessen der Schuldverschreibungsbesitzer bezweckt.

[6]) Die Kosten werden als eine mit der Ausgabe der Schuldverschreibung verbundene Last betrachtet und sind deshalb grundsätzlich von dem Schuldner zu tragen, auch wenn die Versammlung nicht von dem Schuldner selbst berufen wird (Begr. 14), vgl. § 4 Abs. 1, § 5 Abs. 2.

Ueber die Anwendbarkeit des § 3 Abs. 3 im Konkurse des Schuldners vgl. Anm. 1 zu § 18. Eine Ausnahme ist nur im § 4 Abs. 3 Satz 2 zugelassen.

§. 4.

Wird einem nach §. 3 Abs. 2 gestellten Verlangen nicht entsprochen,[1]) so kann das Amtsgericht,[2]) in dessen Bezirke der Schuldner seinen Wohnsitz oder seine gewerbliche Niederlassung hat,[3]) die Antragsteller ermächtigen, die Versammlung zu berufen.[4]) Hat in dem Zeitpunkt, in welchem der Antrag gestellt werden soll, der Schuldner im Inlande weder einen Wohnsitz noch eine gewerbliche Niederlassung, so ist das Amtsgericht zuständig, in dessen Bezirk er zuletzt seinen Wohnsitz oder seine gewerbliche Niederlassung gehabt hat.

Wird der Antrag von Gläubigern gestellt, so haben diese ihre Schuldverschreibungen bei der Reichsbank, bei einem Notar oder bei einer anderen durch die Landesregierung dazu für geeignet erklärten Stelle zu hinterlegen.[5])

Wird die Ermächtigung zur Berufung der Gläubigerversammlung ertheilt, so kann das Gericht zugleich über den Vorsitz in der Versammlung Bestimmung treffen.[6]) Das Gericht entscheidet darüber, ob die durch den Antrag sowie die durch die Berufung und Abhaltung der Versammlung entstehenden Kosten von den Antragstellern oder von dem Schuldner zu tragen sind.[7])

Vor der Verfügung, durch welche über den Antrag auf Ermächtigung zur Berufung der Gläubigerversammlung oder über die Tragung der Kosten entschieden wird, ist soweit thunlich[8]) der Schuldner und, wenn ein Vertreter der Gläubiger bestellt ist[9]), auch dieser zu hören.[10]) Gegen die Verfügung findet die sofortige Beschwerde statt.[11])

[1]) Der Erlaß einer Entscheidung nach Maßgabe des § 4 Abs. 1 Satz 1 hat zur Voraussetzung den Nachweis, daß ein Verlangen auf Berufung der Versammlung, welches allen Voraussetzungen des § 3 Abs. 2 genügt, von den Antragstellern an den Schuldner gestellt und von diesem zurückgewiesen worden ist. Genügte das an den Schuldner gestellte Verlangen nicht den bezüglichen Voraussetzungen, so kann der Mangel nicht mit dem Antrag auf gerichtliche Entscheidung nachgeholt werden. Vielmehr bedarf es dann der Wiederholung des Verlangens an den Schuldner in ordnungsmäßiger Form. Dem Gerichte darf nur das an den Schuldner gestellte Verlangen zur Entscheidung unterbreitet werden. Eine Erweiterung hinsichtlich der Gegenstände, über welche die Beschlußfassung erfolgen soll, ist unzulässig, erfordert vielmehr ein erneutes Vorgehen. Die Angabe der Gründe kann dagegen mit Rücksicht auf die Ablehnung des Schuldners Ergänzungen erfahren. Von der vorherigen Stellung eines Verlangens an den Schuldner wird aber dann abgesehen werden dürfen, wenn der Schuldner nicht erreichbar ist, s. oben Anm. 1 zu § 3.

[2]) Das Verfahren auf den Antrag gehört zu den durch Reichsgesetz den Gerichten übertragenen Angelegen-

heiten der freiwilligen Gerichtsbarkeit und regelt sich daher insoweit im § 4 und im § 5 Abs. 1 nichts bestimmt ist, nach den Vorschriften des 1. und 11. Abschnitts des GFrG.

Wie das Wort „kann" zum Ausdrucke bringt, ist das Amtsgericht nicht unbedingt zur Ertheilung der Ermächtigung verpflichtet, sobald den zunächst zu prüfenden formellen Voraussetzungen (vgl. Anm. 1) genügt ist, vielmehr hat es weiter zu prüfen, ob die angeführten Gründe die Berufung der Versammlung rechtfertigen und hat nach pflichtmäßigem Ermessen unter Würdigung aller Umstände zu entscheiden (Begr. 14), vgl. Planck Anm. 2 zu § 37 BGB., Hölder Anm. 2 zu § 37 BGB., Denkschrift zum Entw. eines HGB. S. 144 zu § 249. Dabei ist in erster Linie zu prüfen, ob der mit dem Antrag erstrebte Zweck dahin geht, in einer von dem Gesetze zugelassenen Weise die gemeinsamen Interessen der Gläubiger zu wahren, ob also insbesondere nicht die Förderung von Sonderinteressen, die Schädigung des Schuldners, oder sonst unlautere Zwecke verfolgt werden.

Dagegen ist es auch hier (vgl. Anm. 6b zu § 1 S. 37) nicht Sache des Gerichts, festzustellen, ob der erstrebte Zweck wirklich eine Förderung des gemeinschaftlichen Interesses darstellt, und von dieser Feststellung die Ertheilung der Ermächtigung abhängig zu machen.

[3]) Sind die Orte des Wohnsitzes und der gewerblichen Niederlassung in verschiedenen Gerichtsbezirken des Inlandes belegen, so ist jedes der betreffenden Gerichte zuständig. Die Zuständigkeit mehrerer Gerichte kann auch eintreten, wenn der Schuldner mehrere Zweigniederlassungen im Inlande besitzt, während sich seine Hauptniederlassung im Auslande befindet (Begr. 14). Unter mehreren zuständigen Gerichten gebührt demjenigen der Vorzug, welches zuerst mit der Sache befaßt worden ist, § 4 GFrG.

[4]) Die Verfügung auf den Antrag ist, wenn der Antrag abgelehnt wird, nur den Antragstellern, wenn die

Ermächtigung zur Berufung der Versammlung ertheilt wird, auch dem Schuldner zuzustellen, § 16 GFrG., § 4 Abs. 4. Erfolgt die Berufung der Versammlung auf Grund der Ermächtigung, so ist bei der Berufung auf die Ermächtigung Bezug zu nehmen, § 6 Abs. 3.

[5]) Die Hinterlegung hat nur den Zweck, die Berechtigung der Antragsteller darzuthun; sie ist dem Gerichte bei der Stellung des Antrags durch Vorlegung einer Bescheinigung nachzuweisen (Begr. 14). Vgl. im Uebrigen über die Hinterlegung Anm. 7 zu § 10 Abs. 2. In betreff der Berechtigung zur Stellung des Antrags, wenn das Gläubigerrecht aus dem Papier nicht unbeschränkt ist, vgl. Anm. 3 zu § 3 S. 31. Ist der Antragsteller ein Gläubiger, an dessen Schuldverschreibung dem Schuldner ein Pfandrecht oder ein Zurückbehaltungsrecht zusteht, so hat § 10 Abs. 4 Satz 2 entsprechende Anwendung zu finden. Daß nur Gläubiger, nicht aber der bestellte Vertreter die Hinterlegungspflicht haben, ist in der Reichstagskommission ausdrücklich anerkannt worden (KB. 8). Das Gesetz hat davon Abstand genommen, im Anschluß an § 266 Abs. 4 und § 269 Abs. 3, 5 HGB. den Antragstellern die Verpflichtung zu einer Sicherheitsleistung oder eine verschärfte Verantwortlichkeit für die dem Schuldner etwa aus der Berufung erwachsenden Nachtheile aufzuerlegen. Insoweit die Vorschriften des Gesetzes dem Schuldner nicht ausreichenden Schutz gegen einen Mißbrauch des im § 4 Abs. 1 bezeichneten Rechtes gewähren, bietet ihm § 826 BGB. eine Handhabe, um bei einer durch grundlose Berufung einer Versammlung ihm vorsätzlich zugefügten Schädigung die Antragsteller zur Verantwortung zu ziehen (Begr. 15).

Eine Pflicht der Notare zur Annahme der Hinterlegung wird übrigens durch die Vorschrift nicht begründet.

[6]) Wie Begr. 14 hervorhebt, ist zur Leitung der Versammlung nicht ohne Weiteres derjenige berechtigt, welcher die Berufung veranlaßt hat; die Versammlung

ist vielmehr stets in der Lage einen Vorsitzenden aus ihrer Mitte zu wählen. Von der Befugniß, über den Vorsitz in der Versammlung Bestimmung zu treffen, wird das Gericht in der Regel nur Gebrauch zu machen haben, wenn der Antrag von Gläubigern gestellt ist. Bei der Auswahl der Persönlichkeit ist das Gericht gänzlich frei gestellt; es ist nicht ausgeschlossen, daß ein unbetheiligter Dritter bestellt wird.

[7]) Nach dem Entwurfe sollte der Vertreter der Gläubiger befugt sein, die Versammlung selbständig auf Kosten des Schuldners zu berufen. Die Vorschrift des Abs. 3 Satz 2 bezog sich daher nur auf Gläubiger, die von dem Antragsrechte Gebrauch machten. Die Reichstagskommission hat dem Vertreter die selbständige Befugniß genommen und ihm gleichfalls nur ein Antragsrecht gegeben, § 3 Abs. 2 (KB. 7). Die Frage, ob nunmehr § 4 Abs. 3 Satz 2 auch auf den Vertreter Anwendung zu finden habe, wurde nicht erwogen, ist aber zu verneinen. Die Vorschrift findet daher, wie ursprünglich beabsichtigt, nur Anwendung, wenn der Antrag von Gläubigern gestellt wird. Begr. 15 bemerkt: „Dem Schuldner auch in den hierher gehörigen Fällen die Kosten ohne Weiteres zur Last zu legen, würde unbillig sein. Die Entscheidung über die Kosten kann mit derjenigen über den Antrag selbst verbunden werden, das Gericht ist aber auch nicht gehindert, sie bis nach Abhaltung der Gläubigerversammlung auszusetzen." Die Kosten des Antrags können dem Schuldner selbstverständlich nur dann zur Last gelegt werden, wenn die Ermächtigung ertheilt wird, andernfalls tragen die Kosten stets die Antragsteller. Ueber die Kosten des Antrags und der Versammlung wird in der Regel in dem nämlichen Sinne zu entscheiden sein. Bei der Entscheidung ist daran festzuhalten, daß die Kosten einer Versammlung grundsätzlich dem Schuldner zur Last fallen, auch wenn er die Versammlung nicht aus eigenem Antriebe beruft, Anm. 6 zu § 3, und daß er also nur unter besonderen Umständen, wie

etwa bei völlig zweckloser oder unzeitiger Berufung, billigerweise von dieser Pflicht entbunden werden kann. Liegen solche Umstände schon bei der Stellung des Antrags zu Tage, so wird die Ermächtigung versagt werden. Sie können sich aber auch erst bei der Abhaltung der Versammlung herausstellen. Es wird daher, wenn die Grundlosigkeit der Weigerung des Schuldners nicht ohne Weiteres erhellt, die Entscheidung über die Kosten zweckmäßig bis nach Abhaltung der Versammlung auszusetzen sein. Werden die Kosten den Gläubigern auferlegt, so haftet der Schuldner auch nicht subsidiär, wie andererseits auch die Gläubiger nicht subsidiär haften, wenn dem Schuldner die Kosten zur Last fallen. Ein Anderes kann nur bezüglich der Gerichtskosten gelten, vgl. § 1 d. preuß. Gerichtskostenges. v. 6. Oktober 1899. Die Entscheidung über die Kosten kann selbständig mit der sofortigen Beschwerde angefochten werden, § 4 Abs. 4 Satz 2.

8) Die Worte „soweit thunlich" sollen dem Falle Rechnung tragen, daß der Schuldner nicht erreichbar oder seine Anhörung nicht möglich ist. Hat der Schuldner einen Wohnsitz oder eine gewerbliche Niederlassung im Inlande nicht mehr, so schließt dies die Pflicht, ihn zu hören, nicht aus.

9) Nur ein nach Maßgabe des § 14 bestellter Vertreter, vgl. § 16 Abs. 2.

10) S. auch § 5 Abs. 1.

11) Die sofortige Beschwerde ist sowohl gegen die Entscheidung über den Antrag auf Berufung der Versammlung, wie gegen die Entscheidung über die Kosten, aber auch nur gegen diese, zulässig. Soweit Bestimmung über den Vorsitz in der Versammlung getroffen ist, wird auch die einfache Beschwerde nicht zulässig sein, da ein „Recht" auf den Vorsitz nicht besteht, § 20 GFrG.

Ueber die sofortige Beschwerde s. §§ 20 bis 26 GFrG. Nach § 23 FGG. kann die Beschwerde auf neue Thatsachen und Beweise gestützt werden. Wird Beschwerde gegen die Versagung der Ermächtigung geführt, so kann es sich nur um eine Ergänzung der Gründe handeln, welche die Berufung der Versammlung zu dem in dem Antrage bezeichneten Zwecke angezeigt erscheinen lassen. Die Anführung eines neuen Zweckes ist unstatthaft. Gegen die Entscheidung des Beschwerdegerichts ist die sofortige weitere Beschwerde gegeben, wenn die Entscheidung auf einer Gesetzesverletzung beruht. Vgl. §§ 27 bis 29, 199 GFrG. Ueber die sofortige weitere Beschwerde entscheidet in Preußen das Kammergericht (Artikel 7 d. preuß. Ges. über die freiw. Gerichtsbarkeit vom 21. Sept. 1899), in Bayern das oberste Landesgericht (Artikel 167 Nr. XII d. Ausfges. z. BGB.). Als Verletzung des Gesetzes kann auch gerügt werden, daß das Beschwerdegericht bei Ausübung des richterlichen Ermessens (vgl. Anm. 2) von falschen rechtlichen Gesichtspunkten ausgegangen ist, vgl. Entsch. d. Kammergerichts vom 5. März 1900, Entscheidungen in Angelegenheiten d. freiw. Gerichtsbarkeit 2c., zusammengestellt im Reichs-Justizamte, Bd. 1 S. 4.

Wird gegen eine die Ermächtigung ertheilende Verfügung die Beschwerde eingelegt, so hindert dies die Einberufung oder Abhaltung der Versammlung nicht, es sei denn, daß das Amtsgericht oder das Beschwerdegericht ein Anderes anordnen, § 24 Abs. 2, 3 GFrG. Dies gilt selbst für den Fall, daß die Verfügung von dem Beschwerdegericht aufgehoben wird, bis zu dem Augenblick, in welchem die aufhebende Entscheidung wirksam wird, § 26 GFrG. Wird die Versammlung nach dem Eintritte der Rechtswirksamkeit einer die erstinstanzliche Ermächtigung aufhebenden Entscheidung abgehalten, so haben die gefaßten Beschlüsse keine verbindliche Kraft; das Gleiche gilt, wenn die Aussetzung der Vollziehung der amtsgerichtlichen Ermächtigung angeordnet war, oder das Beschwerdegericht die sofortige Wirksamkeit seiner aufhebenden Entscheidung angeordnet hatte. Anderenfalls wird, wenn die Ermächtigung des AG. erst nach Abhaltung der Versammlung rechtswirksam aufgehoben wird, die verbindliche Kraft der in der rechtmäßig einberufenen Versammlung gefaßten Beschlüsse nicht in Frage gestellt. Die Entscheidung über die Beschwerde ist vielmehr nur noch wegen der Kosten von Bedeutung.

§. 5.

Steht der Geschäftsbetrieb des Schuldners unter staatlicher Aufsicht,[1]) so hat das Gericht vor der im § 4 Abs. 4 bezeichneten Verfügung auch die Aufsichtsbehörde zu hören.[2])

Die Aufsichtsbehörde kann die Gläubigerversammlung auf Kosten des Schuldners berufen[3]) oder die Berufung durch den Schuldner anordnen.[4])

Sie hat das Recht, einen Vertreter in die Versammlung zu entsenden.[5])

[1]) Gedacht ist wohl nur an die von einer inländischen Behörde geübte Staatsaufsicht. Die Aufsicht muß sich auf den ganzen Geschäftsbetrieb des Schuldners erstrecken, eine staatliche Ueberwachung lediglich der technischen Seite des Betriebs, wie sie z. B. in Preußen auf Grund des Berggesetzes vom 24. Juni 1865, §§ 65 ff. von der Bergbehörde geübt wird, kommt hier nicht in Betracht, vgl. Merzbacher Anm. 1 zu § 5. Die Begr. 15 erwähnt Hypothekenbanken (§§ 3, 4 des Hypothekenbankges. v. 13. Juli 1899) und Privateisenbahnen (vgl. z. B. § 46 des preuß. Ges. über die Eisenbahnunternehmungen v. 3. Nov. 1838 und § 22 des preuß. Ges. über Kleinbahnen u. Privatanschlußbahnen vom 28. Juli 1892). Ferner sind zu nennen die Auswanderungsunternehmer

(§ 21 d. Reichsges. über das Auswanderungswesen, vom 9. Juni 1897), die Kolonialgesellschaften, welchen durch Beschluß des Bundesraths die Fähigkeit beigelegt ist, unter ihrem Namen Rechte zu erwerben, vor Gericht zu klagen und verklagt zu werden (§§ 8, 10 d. Ges. betr. die Rechtsverhältnisse der deutschen Schutzgebiete, Reichs-Gesetzbl. 1888 S. 75).

[2]) Die Aufsichtsbehörde ist auch zu hören, wenn es sich nur um die Ankündigung von Gegenständen zur Beschlußfassung handelt, § 7 Abs. 3. S. aber § 18 Abs. 6.

[3]) Nach den Vorschriften des § 6. Ebenso kann sie Gegenstände zur Beschlußfassung in einer bereits einberufenen Versammlung ankündigen, § 7 Abs. 3. Das Recht, über den Vorsitz in der Versammlung Bestimmung zu treffen, steht ihr nicht zu. S. auch § 18 Abs. 4, 6.

[4]) Ebenso kann sie dem Schuldner die Ankündigung von Gegenständen zur Beschlußfassung aufgeben, § 7 Abs. 3.

[5]) D. h. nicht nur in die auf ihre Veranlassung berufene Versammlung, sondern in jede Versammlung. Es ist Sache der Aufsichtsbehörde, die erforderlichen Anordnungen zu treffen, daß jede Berufung einer Versammlung zu ihrer Kenntniß gelangt. Ueber die Befugnisse des Vertreters in der Versammlung ist nichts bestimmt. Jedenfalls ist er berechtigt, die Anträge der Aufsichtsbehörde zu stellen und zu vertreten und auch sonst das Wort zu verlangen, um den Standpunkt der Aufsichtsbehörde zur Geltung zu bringen, s. § 13. Irgendwelche Befugnisse hinsichtlich der Leitung der Versammlung oder Ueberwachungsbefugnisse stehen ihm nicht zu. Daß die Aufsichtsbehörde auch mehrere Vertreter in die Versammlung entsendet, dürfte unter allen Umständen zulässig sein. Die durch die Entsendung des Kommissars erwachsenden Kosten sind nicht Kosten der Versammlung

im Sinne des § 3 Abs. 3 und des § 4 Abs. 3 Satz 2, gehören vielmehr zu den Kosten der Aufsicht, welche demjenigen zur Last fallen, der die Kosten der Aufsicht zu tragen hat, vgl. § 4 Abs. 3 des Hypothekenbankges. vom 13. Juli 1899.

§. 6.

Die Berufung der Gläubigerversammlung erfolgt durch mindestens zweimalige Bekanntmachung[1]) im Deutschen Reichsanzeiger und in den sonstigen Blättern, durch welche für den Bezirk des im §. 4 bezeichneten Gerichts[2]) die Eintragungen in das Handelsregister bekannt gemacht werden.[3]) An die Stelle der letzteren Blätter treten, wenn der Schuldner eine Aktiengesellschaft, eine Kommanditgesellschaft auf Aktien, eine Gesellschaft mit beschränkter Haftung oder eine eingetragene Genossenschaft ist, die für die Veröffentlichungen der Gesellschaft oder der Genossenschaft bestimmten Blätter.[4])

Die Frist zwischen der letzten Bekanntmachung und dem Tage der Versammlung ist so zu bemessen, daß mindestens zwei Wochen für die im § 10 Abs. 2 vorgesehene Hinterlegung der Schuldverschreibungen frei bleiben.[5])

In dem Falle des § 4 muß bei der Berufung auf die gerichtliche Ermächtigung Bezug genommen werden.[6])

[1]) Eine Bekanntmachung gilt mit dem Ablaufe des Tages als bewirkt, an welchem das letzte der die Bekanntmachung enthaltenden Blätter erschienen ist, § 10 Abs. 2 HGB. Ueber die Abstände, in welchen die Bekanntmachungen zu bewirken sind, ist nichts vorgeschrieben.

Ueber den Inhalt der Bekanntmachung finden sich Vorschriften nur in § 6 Abs. 3 und § 7 Abs. 1. Beide Bekanntmachungen müssen aber enthalten die Angabe des Ortes und der Zeit der Versammlung, die genaue Bezeichnung der Gattung von Schuldverschreibungen, deren Besitzer zur Versammlung berufen werden, sowie die Bezeichnung des Einberufers, gegebenenfalls mit dem im § 6 Abs. 3 vorgeschriebenen Zusatze. Wird der Zweck der Versammlung nicht gleichzeitig bekannt gemacht, § 7 Abs. 1, so wird auf die spätere Bekanntmachung zu verweisen sein. Ein Hinweis auf die im § 10 Abs. 2 vorgeschriebene Hinterlegung ist nicht unerläßlich aber zweckmäßig, s. aber § 18 Abs. 5 und Anm. 10 dazu.

[2]) Hat der Schuldner Wohnsitz oder gewerbliche Niederlassung an verschiedenen Orten (vgl. Anm. 3 zu § 4) und sind deshalb mehrere Registergerichte zu berücksichtigen, so hat die Veröffentlichung in den Blättern sämmtlicher Gerichte zu erfolgen (Begr. 16). Hat er weder Wohnsitz noch gewerbliche Niederlassung mehr im Inlande, so kommen nur die Blätter desjenigen Registergerichts in Betracht, bei dem zuletzt eine Zuständigkeit begründet war.

[3]) Vgl. § 11 HGB.

[4]) Vgl. bez. d. Aktiengef. § 182 Abs. 3 HGB., bez. der Kommanditges. a. A. § 320 Abs. 3, § 182 Abs. 3 HGB., bez. der Genossenschaften § 6 Nr. 4 des Ges., betr. die Erwerbs- und Wirthschaftsgenossenschaften. Bei den Gesellschaften m. b. H. ist im § 10 Abs. 3 des Ges., betr. die Gesellschaften m. b. H., die Bestimmung der Blätter durch den Gesellschaftsvertrag nur zugelassen. Fehlt es an einer solchen Bestimmung, so hat die Be-

kanntmachung in den nach § 11 HGB. von dem Registergerichte bestimmten Blättern zu erfolgen, vgl. § 30 Abs. 2 l. c.

[5]) Da die Hinterlegung spätestens am zweiten Tage vor der Vers. bewirkt sein muß, § 10 Abs. 2, und der Tag, an welchem das letzte der die Bekanntmachung enthaltenden Blätter erschienen ist, in die Frist nicht eingerechnet wird (vgl. Anm. 1), so darf die Versammlung erst am 16. Tage nach diesem Tage stattfinden. Die Versammlung darf aber erst am 17. Tage stattfinden, wenn der 14. Tag ein Sonntag oder ein allgemeiner Feiertag ist, § 193 BGB., vgl. Planck, Anm. 1 zu § 193 BGB. Anders Merzbacher Anm. 6 zu § 7. Die Frage kann besonders bei der nachträglichen Ankündigung von Gegenständen zur Beschlußfassung praktisch werden, § 7 Abs. 2, 3.

[6]) D. h. wenn die Berufung auf Ermächtigung des Gerichts durch Gläubiger oder die in §§ 14 bis 17 genannten Vertreter erfolgt, da anderenfalls nicht ersichtlich ist, daß eine ordnungsmäßige Berufung vorliegt, auf Grund deren eine gültige Versammlung stattfinden kann.

§. 7.

Der Zweck der Versammlung soll bei der Berufung bekannt gemacht werden.[1]) Jedem Gläubiger ist auf Verlangen eine Abschrift der Anträge zu ertheilen.[2])

Ueber Gegenstände, die nicht gemäß §. 6 Abs. 1, 2 ihrem wesentlichen Inhalte nach angekündigt sind, können Beschlüsse nicht gefaßt werden.[3])

Die Vorschriften der §§. 3, 4, des §. 5 Abs. 1, 2 und des § 6 Abs. 3 finden auf die Ankündigung von Gegenständen zur Beschlußfassung einer Versammlung entsprechende Anwendung.[4])

[1]) Der Zweck der Versammlung kann sowohl in der Beschlußfassung über bestimmte Gegenstände (vgl. Abs. 2), wie in Verhandlungen ohne Beschlußfassung, Mittheilungen u. s. w. bestehen. Die Vorschrift des Satz 1 ist nur eine Ordnungsvorschrift, deren Verletzung auf die Gültigkeit der Berufung an sich ohne Einfluß ist. Soll aber eine Beschlußfassung in der Versammlung stattfinden, so muß die Bekanntmachung der Gegenstände jedenfalls in der im § 6 bestimmten Form und Frist nachgeholt werden, § 7 Abs. 2.

[2]) D. h. der Anträge, welche in der Versammlung gestellt werden sollen. Da die Gegenstände, über welche Beschluß gefaßt werden soll, nur ihrem wesentlichen Inhalte nach angekündigt werden, so bezweckt die Vorschrift, es den Gläubigern zu ermöglichen, auch im Einzelnen die Absicht des Einberufers kennen zu lernen, um sich danach vorzubereiten. Der Gläubiger muß sich als solcher legitimiren. Verpflichtet zur Mittheilung ist der Einberufer der Versammlung; dies gilt für den Schuldner auch, wenn er auf Verlangen von Gläubigern, des Vertreters oder der Aufsichtsbehörde § 3 Abs. 2, § 5 Abs. 2 die Versammlung beruft. Auch die Aufsichtsbehörde trifft die Pflicht, wenn sie die Versammlung beruft, § 5 Abs. 2. Sind Gläubiger die Einberufer, so ist jeder einzelne von ihnen zur Mittheilung verpflichtet, § 4 Abs. 1. Dagegen besteht eine Verpflichtung des Gerichts, das die Ermächtigung ertheilt hat, unter keinen Umständen, a. M. Merzbacher Anm. 2 zu § 7 unter Berufung auf Riesser S. 73. Die Kosten der Ertheilung der Abschriften (Schreibkosten u. Porto) gehören zu den Kosten der Versammlung, auf welche § 3 Abs. 3 u. § 4 Abs. 3 Satz 2 Anwendung finden. In betreff des Konkurses vgl. § 18 Abs. 2 und Anm. 1 dazu.

[3]) Die Ankündigung soll nicht wörtlich die Anträge enthalten, welche beabsichtigt sind, da anderenfalls nur über diese Anträge Beschluß gefaßt werden könnte und bei jedem Abänderungsantrage Zweifel entstehen müßten, ob es nicht der Berufung einer neuen Versammlung bedarf. Vielmehr soll nur der Gegenstand der beabsichtigten Anträge so klar bezeichnet werden, daß die Tragweite der Beschlüsse, welche die Versammlung über diesen Gegenstand fassen kann, außer Zweifel steht. Innerhalb des so bezeichneten Rahmens können dann beliebig Anträge gestellt werden. Die Gegenstände müssen, wenn sie nicht schon in den Bekanntmachungen betr. die Berufung angegeben sind, in derselben Form und in derselben Frist vor der Versammlung bekannt gegeben werden. Ist dies versäumt, so kann in dieser Versammlung kein Beschluß gefaßt werden. Siehe auch Abs. 3. Auf diese Weise ist jedem Gläubiger die Möglichkeit gesichert, noch nach der Bekanntmachung der Tagesordnung die Maßnahmen zu treffen, welche ihm das Recht zur Theilnahme an der Versammlung geben, § 10 Abs. 2, § 18 Abs. 5.

[4]) Abs. 3 hat den Fall im Auge, daß die Tagesordnung einer bereits einberufenen Versammlung nachträglich bekannt gegeben oder erweitert werden soll. Dies ist nur thunlich, wenn genügend Zeit verbleibt, um die im Abs. 2 vorgeschriebene zweimalige Bekanntmachung noch zwei Wochen vor dem Tage, bis zu welchem die Hinterlegung erfolgt sein muß (§ 10 Abs. 2), bewirken zu können. Befugt zur Bekanntmachung weiterer Gegenstände ist, gleichgültig, ob die Versammlung durch den Schuldner, durch Gläubiger, den Vertreter oder die Aufsichtsbehörde einberufen ist, der Schuldner (§ 3 Abs. 1) und die Aufsichtsbehörde (§ 5 Abs. 2), welche letztere auch dem Schuldner die Bekanntmachung weiterer Gegenstände aufgeben kann. Ebenso können Gläubiger oder ein bestellter Vertreter nach Maßgabe der Vorschriften

des § 3 Abs. 2 von dem Schuldner die Bekanntmachung weiterer Gegenstände zur Beschlußfassung in einer, gleichviel von wem, einberufenen Versammlung verlangen und, falls dem Verlangen nicht stattgegeben wird, in dem Verfahren gemäß § 4 die gerichtliche Ermächtigung zur Bekanntmachung betreiben. Erfolgt die Bekanntmachung auf die gerichtliche Ermächtigung, so muß in der Bekanntmachung auf die gerichtliche Ermächtigung Bezug genommen werden. Anderenfalls hat die Bekanntmachung keine Wirkung, § 6 Abs. 3. Die Kosten einer solchen Bekanntmachung sind stets vom Schuldner zu tragen, es sei denn, daß in dem Verfahren gemäß § 4 von dem Gericht ein Anderes bestimmt ist, § 4 Abs. 3 Satz 2. In Betreff des Konkurses vgl. § 18 Abs. 2—4.

Die Abhaltung der Gläubigerversammlung.

§ 8 schreibt die Aufstellung einer Präsenzliste in der Versammlung vor, § 9 regelt die Beurkundung der Beschlüsse, § 10 bestimmt daß im Allgemeinen für die Fassung von Beschlüssen die absolute Mehrheit erforderlich ist, soweit nicht für gewisse Fälle besondere Bestimmungen gelten, § 11 Abs. 2, § 14 Abs. 2, 3, 6, und regelt die Voraussetzungen der Ausübung des Stimmrechts. Besondere Erfordernisse hinsichtlich der Beschlußfähigkeit sind, abgesehen von den in § 11 Abs. 2, § 14 Abs. 2, 3, 6 bezeichneten Fällen, wo es sich um Eingriffe in die Rechte der einzelnen Gläubiger handelt, nicht aufgestellt, um das Zustandekommen von Beschlüssen nicht übermäßig zu erschweren (Begr. 17). Zu § 8 vgl. § 258 HGB., zu § 9 § 259 HGB., zu § 10 § 252 HGB. Die Wahrung der in den §§ 8 bis 10 vorgeschriebenen Formen ist unabänderliche Voraussetzung für das Zustandekommen eines Beschlusses der im Sinne des § 1 Abs. 1 verbindliche Kraft für alle Gläubiger haben soll, aber auch nur für diese Beschlüsse; die Vorsitzendenwahl, Beschlüsse über die Geschäftsordnung, Entscheidungen bei Zweifeln über die Berechtigung zur Ausübung des Stimmrechts sind an diese Voraussetzungen nicht gebunden.

Ueber den Vorsitz in der Versammlung trifft das Gesetz nur in § 4 Abs. 3 Satz 1 und § 18 Abs. 2 Bestimmung. In anderen Fällen muß der Einberufer der Versammlung, also im Falle des § 3 Abs. 1 der Schuldner, im Falle des § 4 einer der Gläubiger oder Vertreter der Gläubiger, im Falle des § 5 Abs. 2 der Vertreter der Aufsichtsbehörde den Vorsitz übernehmen, unbeschadet des Rechtes der Versammlung, eine beliebige andere Person zum Vorsitzenden zu wählen. Ueber die Geschäftsordnung beschließt die Versammlung. Es wird hier ebenso wie im Aktienrechte (vgl. Entsch. des Reichsgerichts in CS. Bd. 36 S. 26) anzunehmen sein, daß die Beschlußfassung voraussetzt, daß die Möglichkeit einer Diskussion gewährt wird, der zwar die Versammlung gewisse Grenzen zu ziehen berechtigt ist; die Grenzen dürfen aber nicht so eng gesteckt werden, daß eine sachgemäße Erörterung unmöglich gemacht wird. Im Zweifel ist die herkömmliche Form parlamentarischer Verhandlungen zu wahren. Vgl. Staub S. 778 Anm. 13 ff. Der Modus der Abstimmung, ob geheim oder namentlich u. s. w. ist in allen Fällen der Versammlung überlassen. In der Regel wird wohl das bei den Aktiengesellschaften übliche Verfahren beobachtet werden (KB. 12).

Bilden Schuldverschreibungen desselben Schuldners verschiedene Verbände (vgl. Anm. 2 zu § 1 S. 18, 27), so ist Gemeinsamkeit der Versammlungen und Berathungen nicht ausgeschlossen. Die Abstimmungen und Beschlüsse sind aber von jeder Gattung gesondert zu thätigen (KB. 5).

§. 8.

Bei dem Beginne der Versammlung[1]) ist ein Verzeichniß der erschienenen Gläubiger[2]) oder Vertreter von Gläubigern[3]) mit Angabe ihres Namens und Wohnorts sowie des Betrags der von Jedem vertretenen Schuldverschreibungen[4]) aufzustellen.[5]) Das Verzeichniß ist sofort nach der Aufstellung, spätestens aber vor der ersten Abstimmung zur Einsicht aufzulegen;[6]) es ist von dem Vorsitzenden zu unterzeichnen.

[1]) Es muß demnach sofort bei der Eröffnung der Versammlung mit der Aufstellung begonnen werden (anders § 256 HGB.), doch ist es nicht ausgeschlossen, daß vor der Fertigstellung die Verhandlungen begonnen werden, sofern dies thunlich ist, vgl. Satz 2.

Wer bei der Aufstellung des Verzeichnisses nicht zugegen war, kann seine nachträgliche Aufnahme verlangen, jedoch wird zu vermerken sein, nach der wievielten Abstimmung die Eintragung erst erfolgt ist. Wer sich entfernt, braucht nicht gelöscht zu werden.

[2]) Oder der zur Ausübung des Stimmrechts aus der Schuldverschreibung berechtigten Personen, vgl. Anm. 3 zu § 1 S. 29. Die Prüfung der Stimmberechtigung muß bei der Anmeldung zum Verzeichnisse geschehen. Soweit der Nachweis der Stimmberechtigung mittelst der Schuldverschreibung geführt werden kann, hat die Hinterlegungsbescheinigung das Erforderliche zu enthalten, vgl. unten Anm. 4 und Anm. 7 zu § 10. Ist zur Ausübung des Stimmrechts der Nachweis eines Rechtes an der Schuldverschreibung oder der Zustimmung eines Anderen erforderlich, vergl. Anm. 3 II zu § 1, so ist dieser Nachweis bei der Aufnahme zu erbringen. S. auch Anm. 5 a. E.

[3]) Beruht die Vertretungsmacht auf Vollmacht des Stimmberechtigten, § 167 Abs. 1 BGB., so ist die Vollmachtsurkunde, § 172 BGB., vorzulegen, vgl. § 10 Abs. 3. Wenn die Vollmachtsurkunde zurückverlangt

wird, was bei dem Mangel einer dem § 252 Abs. 2, Satz 2, Halbs. 2 HGB. entsprechenden Vorschrift zulässig ist, so ist der wesentliche Inhalt der Urkunde in dem Verzeichnisse zu vermerken. Ein gesetzlicher Vertreter hat sich als solcher zu legitimiren (durch Auszug aus dem Handelsregister, Bestallung als Vormund u. s. w.); daß dies geschehen, ist gleichfalls in dem Verzeichnisse zu bemerken.

4) Dieser Betrag ist durch Vorlegung der Bescheinigung über die erfolgte Hinterlegung nachzuweisen, § 10 Abs. 2.

5) Die Aufstellung hat durch den Vorsitzenden oder diejenige Person zu erfolgen, welcher der Vorsitzende die Aufstellung überträgt. In den Text des nach § 9 Abs. 1, 3 aufzunehmenden Protokolls gehört das Verzeichniß nicht. Der instrumentirende Notar oder Richter (§ 9 Abs. 1) ist daher zu der Aufstellung nicht verpflichtet. Besondere Formen sind für das Verzeichniß nicht vorgeschrieben. Außer dem im Satz 1 bezeichneten Inhalt und der Unterschrift des Vorsitzenden braucht es nur die Angabe der Versammlung, auf die es sich bezieht, zu enthalten. Wird die Aufnahme in das Verzeichniß verweigert, so ist die Entscheidung der Versammlung von dem Zurückgewiesenen nachzusuchen. Der Beschluß ist zweckmäßig bis zur Beendigung der Aufstellung auszusetzen. Die Entscheidung kann, wenn sie materiell unrichtig ist, die Anfechtung der Versammlungsbeschlüsse veranlassen, falls deren Ergebniß durch sie beeinflußt worden ist.

6) Einer Verlesung bedarf es nicht. Zur Abstimmung darf erst geschritten werden, wenn Jeder, der es verlangt, Einsicht genommen hat. Ueber Beanstandungen der Eintragungen beschließt zunächst die Versammlung, vgl. Anm. 5 a. E.

§. 9.

Jeder Beschluß der Versammlung bedarf zu seiner Gültigkeit der Beurkundung durch ein über die Verhandlung gerichtlich oder notariell aufgenommenes Protokoll.[1])

In dem Protokolle sind der Ort und der Tag der Verhandlung, der Name des Richters oder des Notars sowie die Art[2]) und das Ergebniß[3]) der Beschlußfassungen anzugeben.[4])

Das nach §. 8 aufgestellte Verzeichniß der Theilnehmer der Versammlung sowie die Belege über die ordnungsmäßige Berufung der Versammlung[5]) sind dem Protokolle beizufügen. Die Beifügung der Belege über die Berufung der Versammlung kann unterbleiben, wenn die Belege unter Angabe ihres Inhalts in dem Protokoll aufgeführt werden.

Das Protokoll muß von dem Richter oder dem Notar vollzogen werden.[6]) Die Zuziehung von Zeugen ist nicht erforderlich.

1) Es handelt sich nur um die Beurkundung von Vorgängen, nicht um die Beurkundung des Inhalts von Rechtsgeschäften; die Vorschriften des 10. Abschn. GFrG. über gerichtliche und notarielle Urkunden kommen daher nicht zur Anwendung (auch nicht subsidiär, wie Staub, S. 784 Anm. 2, annimmt). Dagegen kommen auf Grund des § 1 GFrG. die Vorschriften des 1. u. 11. Abschn. d. GFrG. zur Anwendung, von denen indeß nur §§ 6, 7, 34

von Bedeutung sein dürften. Im Uebrigen regeln sich Form und Inhalt der Beurkundung ausschließlich nach den Vorschriften des § 9, die aus landesgesetzlichen Vorschriften keine Ergänzung erfahren können, vgl. Denkschrift zum Entwurf eines HGB. zu § 251. Soll das Protokoll gerichtlich aufgenommen werden, so ist zuständig das Amtsgericht, in dessen Bezirke die Versammlung stattfindet.

[2]) Ob die Abstimmung mündlich, schriftlich oder durch Zuruf u. s. w. erfolgt ist.

[3]) Wieviel Gläubiger dafür und wieviel Gläubiger dagegen gestimmt haben, wieviel Stimmen auf jede Partei entfallen (§ 10 Abs. 1 Satz 2) und was hiernach als Beschluß der Versammlung verkündet worden ist. Die Angabe der einzelnen Gläubiger ist nicht vorgeschrieben.

[4]) Weitere Thatsachen brauchen in das Protokoll nicht aufgenommen zu werden, namentlich nicht ein Widerspruch gegen den Beschluß, da eine dem § 271 Abs. 3 HGB. entspr. Vorschrift fehlt.

[5]) Auch die Belege über die Ankündigung der Tagesordnung, falls die Ankündigung nicht mit der Berufung erfolgt ist, da es auch dieser Belege zum Nachweis eines ordnungsmäßig gefaßten Beschlusses bedarf, § 7 Abs. 2.

[6]) Ueber die Aufbewahrung des Protokolls entscheiden mangels einer reichsgesetzlichen Vorschrift die Landesgesetze. In Betreff der Ertheilung von Ausfertigungen greift, sofern das Protokoll bei dem Gericht aufbewahrt wird, § 34 d. GFrG. Platz. Für Preußen vgl. bezüglich der Notare Artikel 53, 61 des Gesetzes über die freiwillige Gerichtsbarkeit vom 21. September 1899.

§. 10.

Die Beschlüsse bedürfen, soweit nicht in diesem Gesetz ein Anderes vorgeschrieben ist,[1]) der Mehrheit der abgegebenen Stimmen.[2]) Die Mehrheit wird nach den Beträgen der Schuldverschreibungen berechnet.[3]) Bei Gleichheit der Stimmen entscheidet die Zahl der Gläubiger.

Gezählt werden nur die Stimmen derjenigen Gläubiger,[4]) welche ihre Schuldverschreibungen spätestens am zweiten Tage vor der Versammlung[5]) bei der Reichsbank, bei einem Notar[6]) oder bei einer anderen durch die Landesregierung dazu für geeignet erklärten Stelle hinterlegt haben.[7])

Das Stimmrecht kann durch einen Bevollmächtigten ausgeübt werden.[8]) Für die Vollmacht ist die schriftliche Form erforderlich und genügend.[9])

Der Schuldner ist für die in seinem Besitze befindlichen Schuldverschreibungen nicht stimmberechtigt.[10]) Soweit ihm an den Schuldverschreibungen ein Pfandrecht oder ein Zurückbehaltungsrecht zusteht, ist er auf Verlangen des Eigenthümers verpflichtet, die Schuldverschreibungen bei einer der im Abs. 2 bezeichneten Stellen in der Weise zu hinterlegen, daß, unbeschadet der Fortdauer des Pfandrechts oder Zurückbehaltungsrechts, dem Eigenthümer die Ausübung des Stimmrechts ermöglicht wird;[11]) die Kosten der Hinterlegung hat der Eigenthümer zu tragen und vorzuschießen.[12])

[1]) Vgl. § 11 Abs. 2, § 14 Abs. 2, 3, 6.

[2]) Nicht erforderlich ist, daß die Mehrheit der nach

der Präsenzliste (§ 8) vertretenen Stimmen erreicht ist. Stimmen von Gläubigern, die sich der Abstimmung enthalten oder sich entfernt haben, brauchen nicht in Betracht gezogen zu werden. Es kommt ausschließlich auf die abgegebenen Stimmen an. Das Erforderniß der absoluten Majorität gilt auch für die Wahlen, die von der Versammlung vorgenommen werden (§ 14). Wird die absolute Majorität bei dem ersten Wahlgange nicht erreicht, so kann eine engere Wahl vorgenommen werden (Begr. 17).

[3]) Hieraus folgt, daß jede im Umlaufe befindliche (vgl. Anm. 1 zu § 2) Schuldverschreibung das Stimmrecht gewährt (Begr. 17). In betreff der Ausübung des Stimmrechts in Fällen, in denen das Eigenthum an der Forderung nicht ungetheilt oder nicht unbeschränkt ist, vgl. Anm. 3 zu § 1 S. 31. Ueber das Ruhen des Stimmrechts mit Rücksicht auf die Person des Besitzers enthält nur Abs. 4 Satz 1 eine Vorschrift. Eine dem § 252 Abs. 3 HGB. entsprechende Vorschrift fehlt. Jedoch wird es als selbstverständlich zu gelten haben, daß das Stimmrecht nicht ausüben darf, wer durch die Beschlußfassung entlastet oder von einer Verpflichtung befreit werden soll, und dasselbe gilt von einer Beschlußfassung, welche die Vornahme eines Rechtsgeschäfts mit einem Gläubiger, die Einleitung oder Erledigung eines Rechtsstreits zwischen ihm und dem Verbande betrifft.

Aus der Vorschrift ergiebt sich ferner, daß, wenn die einzelnen Schuldverschreibungen auf verschiedene Beträge lauten, die mit höherem Nennwerth eine entsprechend verstärkte Zahl von Stimmen gewähren (Begr. 17). Der niedrigste Nennwerth ist demnach als Einheit zu Grunde zu legen. Betragen die Nennwerthe 300 und 1000 M., so gewährt jede Schuldverschreibung von 1000 M. $3^1/_3$ Stimmen. Bei dem Mangel einer dem § 252 Abs. 1 Satz 3 HGB. entsprechenden Vorschrift ist es nicht zulässig, die Ausübung des Stimmrechts durch Festsetzung eines Höchstbetrags oder von Abstufungen zu beschränken.

[4]) Einem Gläubiger, welcher dieser Voraussetzung nicht genügt hat, bleibt das Stimmrecht unter allen Umständen versagt (KB. 9).

[5]) Die gesetzliche Festlegung der Frist ist von der Reichstagskommission beschlossen, um Mißbräuchen des Einberufers bei der Festsetzung der Frist entgegenzutreten (KB. 9). Eine abweichende Bestimmung ist also ausgeschlossen.

[6]) Eine Amtspflicht der Notare zur Annahme der Hinterlegung wird durch diese Vorschrift nicht begründet.

[7]) Die erfolgte Hinterlegung ist bei der Anmeldung zur Aufnahme in das Verzeichniß (§ 8) durch eine Bescheinigung nachzuweisen, welche nicht nur zu beurkunden hat, daß die Hinterlegung rechtzeitig für die Person des das Stimmrecht in Anspruch Nehmenden erfolgt ist, sondern auch die Vorlegung der Schuldverschreibung, soweit es dieser zur Prüfung der Stimmberechtigung bedürfen würde, ersetzen muß. Bei Inhaberpapieren wird die genaue Bezeichnung der Schuldverschreibungen nach Gattung, Nummer und Betrag genügen. Bei Orderpapieren bedarf es aber auch eines Vermerkes darüber, ob die Indossamente in Ordnung sind. Bei Namenpapieren ist anzugeben, auf wessen Namen die Papiere lauten; lauten sie nicht auf dem Namen des Hinterlegers, so kann dieser den Rechtserwerb bei der Anmeldung zum Verzeichnisse (§ 8) darthun. Vgl. Anm. 3 zu § 1 S. 28 f. Ist die Schuldverschreibung verpfändet, so kann der Verpfänder von dem Pfandgläubiger die Hinterlegung nur in der Weise verlangen, daß der Pfandgläubiger die Schuldverschreibung als Schuldverschreibung des Verpfänders, aber auf seinen Namen hinterlegt. Durch Hinterlegung auf den Namen des Verpfänders würde das Pfandrecht erlöschen, §§ 1253, 1278 BGB. (KB. 9). Ist die

Verpfändung gemäß § 1206 BGB. erfolgt, so muß die Hinterlegung für den Verpfänder und den Pfandgläubiger gemeinschaftlich erfolgen. Ist ein Nießbrauch an der Schuldverschreibung bestellt, so würde der Nießbrauch durch die Hinterlegung auf den Namen des Eigenthümers nicht erlöschen. Vgl. Anm. 3 zu § 1 S. 29, Anm. 2 zu § 8 S. 63.

Sind Zinsscheine ausgegeben, so bedarf es einer Hinterlegung der Zinsscheine selbst dann nicht, wenn in betreff der Zinsen (§ 11 Abs. 1) Beschluß gefaßt werden soll, vgl. Anm. 6a zu § 1 S. 35.

[8]) Eine Bevollmächtigung des Schuldners ist ausgeschlossen; ebenso können als Bevollmächtigte nicht stimmen Personen, die an der Ausübung eines eigenen Stimmrechts behindert wären, vgl. Anm. 3 u. 11.

[9]) Die Form regelt sich nach § 126 BGB. Vgl. im Uebrigen über die Vollmacht §§ 167 ff. BGB.

[10]) Strafvorschrift § 21. Die Vorschrift besagt zweierlei; einmal, daß der Schuldner überhaupt kein Stimmrecht ausüben kann, weder als Eigenthümer, noch als Pfandbesitzer noch als Bevollmächtigter; sodann daß das Stimmrecht an den Schuldverschreibungen, welche er als ihm gehörend besitzt (§ 872 BGB.), ruht. Hat zum Beispiel der Schuldner als Kommittent eigene Schuldverschreibungen gekauft, so ruht das Stimmrecht bis zur Absendung des Stückeverzeichnisses (§ 7 des Depotgesetzes vom 5. Juli 1896); von der Absendung an kann es zwar nicht von dem Schuldner, selbst wenn ihm gemäß § 397 HGB. ein Pfandrecht zusteht, aber von dem Eigenthümer ausgeübt werden, vgl. Anm. 11.

[11]) Abs. 4 Satz 2 ist von der Reichstagskommission hinzugefügt, um die Willkür des Schuldners in der Bestimmung der Zahl der Stimmenden zu hindern und aus der Erwägung, daß das zur Wahrung der gemeinsamen Interessen der Gläubiger auszuübende Stimmrecht auch

dem wohlverstandenen und berechtigten Interesse des Schuldners nicht entgegensteht, indem dieser, was er als Pfandgläubiger verliert, als Schuldner wiedergewinnt (KB. 10). Die Vorschrift hat hiernach eine doppelte Bedeutung. Einmal zwingt sie den Schuldner trotz eines ihm zustehenden Pfandrechts oder Zurückbehaltungsrechts (§§ 273, 320 BGB., §§ 369 ff. HGB.), dem Eigenthümer die Ausübung des Stimmrechts zu ermöglichen. Sodann spricht sie dem Schuldner diejenigen Rechte ab, welche einem andern Pfandgläubiger kraft des Pfandrechts hinsichtlich der Ausübung des Stimmrechts zustehen (vgl. Anm. 3 II zu § 1 S. 29), so daß dem Eigenthümer das uneingeschränkte Stimmrecht verbleibt. Ueber die Art, in der die Hinterlegung zu erfolgen hat, vgl. Anm. 7.

[10]) Die Kosten sind also gleichzeitig mit dem Verlangen anzubieten.

Verzicht auf Gläubigerrechte durch Mehrheitsbeschluß.

§§ 11 bis 13 ergänzen die in §§ 8 bis 10 enthaltenen allgemeinen Grundsätze für den Fall, daß vermöge eines Beschlusses der Versammlung durch Verzicht auf Gläubigerrechte das Schuldverhältniß eine Aenderung erfahren soll. § 11 Abs. 1 bezeichnet die Voraussetzung für die Zulässigkeit eines solchen Beschlusses. § 11 Abs. 2 bis 3 enthalten verschärfte Bestimmungen über die erforderlichen Majoritäten. § 12 Abs. 1 Satz 1, 2, Abs. 3 betreffen den Inhalt des Beschlusses. § 12 Abs. 1 Satz 3, 4 handeln von unzulässigen Nebenabkommen und deren Einfluß auf die Verbindlichkeit des Beschlusses, vgl. hierzu § 181 KO. § 12 Abs. 2 schreibt die Bekanntmachung des Beschlusses vor und § 13 schließlich enthält eine Sondervorschrift für den Fall, daß der Geschäftsbetrieb des Schuldners unter staatlicher Aufsicht steht, s. § 5. Vgl. im Uebrigen § 14 Abs. 2, 3, 6, § 18 Abs. 6. Ueber die Frage, ob die Aenderung des Schuldverhältnisses zu seiner Wirksamkeit gegenüber späteren gutgläubigen Erwerbern der Schuldverschreibungen eine Aenderung des Inhalts der Schuldverschreibungsurkunden voraussetzt und ob der von den Besitzern der Hauptpapiere gefaßte Zinsherabsetzungs- oder Stundungsbeschluß den Besitzer des von dem Hauptpapiere getrennten Zinsscheins bindet s. oben Anm. 6a zu § 1 S. 35.

Die Vorschriften der §§ 11 bis 13 sind, wie Wortlaut und Zweck ergeben, absoluter Natur und können durch vertragliche Festsetzungen nicht gemildert werden.

§. 11.

Die Aufgabe oder Beschränkung von Rechten der Gläubiger, insbesondere die Ermäßigung des Zinsfußes oder die Bewilligung einer Stundung, kann von der Gläubigerversammlung nur zur Abwendung einer Zahlungseinstellung oder des Konkurses des Schuldners beschlossen werden.[1])

Der Beschluß, durch welchen Rechte der Gläubiger aufgegeben oder beschränkt werden, bedarf einer Mehrheit von mindestens drei Viertheilen der abgegebenen Stimmen.[2]) Die Mehrheit muß mindestens die Hälfte des Nennwerths der im Umlaufe befindlichen Schuldverschreibungen[3]) und, wenn dieser nicht mehr als zwölf Millionen Mark beträgt, mindestens zwei Drittheile des Nennwerths erreichen;[4]) beträgt der Nennwerth der im Umlaufe befindlichen Schuldverschreibungen weniger als sechzehn Millionen, aber mehr als zwölf Millionen

Mark, so muß die Mehrheit acht Millionen Mark erreichen.[5])

In diesen Fällen bleiben bei der Berechnung des Nennwerths der umlaufenden Schuldverschreibungen die im Besitze des Schuldners befindlichen Schuldverschreibungen, für welche das Stimmrecht nach §. 10 Abs. 4 ausgeschlossen ist, außer Ansatz.[6])

Der Schuldner ist verpflichtet, in der Gläubigerversammlung Auskunft über den Betrag der im Umlaufe befindlichen, zum Stimmen berechtigenden Schuldverschreibungen zu ertheilen.[7])

[1]) In erster Linie gilt auch hier der Grundsatz, daß der Beschluß zur Wahrung der gemeinsamen Interessen gefaßt werden muß, vgl. § 1 Abs. 1.

Daß ein Verzicht aber ferner nur zulässig sein soll „zur Abwendung einer Zahlungseinstellung oder des Konkurses des Schuldners", ist von der Reichstagskommission hinzugefügt. Gegenüber dem Entwurfe (§ 10), der diese Beschränkung nicht kannte, ist also die Möglichkeit eines Verzichts durch Mehrheitsbeschluß sehr eingeschränkt. Man war der Ansicht, daß für Fälle, in denen die gedachten Voraussetzungen nicht vorliegen, der Regel nach durch Bestellung eines Vertreters nach Maßgabe des § 1189 BGB. oder des § 16 dieses Gesetzes gesorgt werden könne. Die Worte „oder des Konkurses" sind mit Rücksicht darauf eingefügt, daß unter Umständen schon bei Ueberschuldung und nicht erst bei Zahlungsunfähigkeit (§ 102 KO.) der Konkurs zu eröffnen ist, §§ 207, 209, 215 KO., § 98 d. Genossenschafts-Ges., § 63 Abs. 1 d. Ges. betr. d. Gesellsch. m. b. H.

Stets kann es sich somit nur um einen Verzicht handeln, durch welchen die Zahlungseinstellung oder Konkurseröffnung zu vermeiden ist. Ein Verzicht, welcher diesem Zwecke nicht dienen kann, darf außerhalb des Konkurses durch Mehrheitsbeschluß nicht erfolgen. Es ist ferner erforderlich, daß den Gläubigern die Verfügung über das in Frage kommende Recht zusteht. So wird z. B. den Pfandbriefgläubigern einer Hypothekenbank die Befugniß nicht zugestanden werden können, auf das Vorhandensein einer vorschriftsmäßigen Pfandbriefdeckung zu verzichten.

Ausgeschlossen sind Kapitalreduktionen, § 12 Abs. 3. § 27 d. preuß. Ges., betr. das Pfandrecht an Privateisenbahnen, vom 19. Aug. 1895 nennt außer der Zinsermäßigung und der Stundung die theilweise oder gänzliche Aufgabe eines Pfandrechts, die Einräumung eines Vorrechts, den Verzicht auf Sicherungsmaßregeln sowie die Zustimmung zur Einstellung des Konkurses (wegen dieser vgl. Vorbem. zu § 18 S. 114 a. E.).

Zu der Aufgabe von Rechten gehört der Verzicht auf ein Pfandrecht selbst dann, wenn ein anderes gleichwerthiges Pfand bestellt wird. Diese Operation ist demnach, wenn sie einen Versammlungsbeschluß erfordert, gleichfalls nur unter den im Abs. 1 bezeichneten Voraussetzungen möglich. Dasselbe gilt, wenn es sich um die Entlassung von Theilstücken eines Grundstücks aus der Haftung handelt, auch wenn die Sicherheit dadurch nicht beeinträchtigt wird. Im Reichstage (Sten. Ber. 1899 S. 2894 D) ist noch auf den Fall hingewiesen worden, daß zur Sicherung der Gläubiger Inhaberpapiere hinterlegt sind und eine Verfügung über diese in Frage kommt.

Es müssen Thatsachen vorliegen, welche den Eintritt der Zahlungseinstellung (oder der Ueberschuldung) als bevorstehend, aber durch den beanspruchten Verzicht als noch vermeidlich erscheinen lassen. Für die Feststellung dieser Thatsachen werden die Gläubiger auf die Angaben des Schuldners angewiesen sein. Sind falsche Thatsachen angegeben oder erhebliche Thatsachen unterdrückt, so regelt sich die Anfechtung nach §§ 123 f. BGB. Liegt Täuschung nicht vor, so kommt es darauf an, ob Irrthum über den Inhalt der Erklärung, oder nur ein als Irrthum über den Inhalt der Erklärung nicht zu erachtender Irrthum im Beweggrunde vorlag, § 119 BGB. Die Thatsache, daß der Verzicht den gewollten Erfolg nicht herbeigeführt hat, begründet jedenfalls für sich allein die Anfechtbarkeit nicht. Anfechtbar ist aber stets ein Beschluß, bei dem die Mehrheit nicht die Abwendung der Zahlungseinstellung (oder der Ueberschuldung), sondern andere Zwecke, z. B. die Begünstigung des Schuldners verfolgt hat, vgl. Anm. 6b zu § 1 S. 37.

Eine weitere Voraussetzung für die Verbindlichkeit des Beschlusses ist, daß der Beschluß nicht durch Begünstigung einzelner Gläubiger zu Stande gebracht ist, s. § 12.

Wegen der Frage, inwieweit der Beschluß für die Inhaber von dem Hauptpapiere getrennter Zinsscheine wirksam ist, vergl. Anm. 6a zu § 1 S. 35.

[2]) Die Mehrheit wird nach den Nennwerthen der bei der Abstimmung vertretenen Schuldverschreibungen berechnet, vgl. § 10 Abs. 1 und Anm. 2, 3 dazu. Die Dreiviertel-Majorität reicht aber nur dann aus, wenn sie auch den Vorschriften in Satz 2, 3 genügt.

[3]) Ueber den Begriff „im Umlaufe befindliche Schuldverschreibungen" vgl. Anm. 1 zu § 2. Hier ist außerdem die Vorschrift des Abs. 3 zu beachten. Es sind nur diejenigen Schuldverschreibungen zu berücksichtigen, welche dem zur Beschlußfassung schreitenden Verband angehören, vgl. Anm. 2 zu § 1 S. 25, 27 und unten Anm. 7.

[4]) Ohne Rücksicht darauf, wieviel Stimmen bei der Abstimmung abgegeben sind. Sind 20 Millionen im Umlauf und nur 9 Millionen bei der Abstimmung vertreten, so kann ein Beschluß überhaupt nicht zu Stande

kommen. Sind 11 Millionen vertreten, so müssen 10 Millionen dafür stimmen. Sind 16 Millionen vertreten, so muß die Mehrheit nach Abs. 2 Satz 1 12 Millionen betragen.

5) Die Vorschrift, wonach dann, wenn der Nennwerth der im Umlaufe befindlichen Schuldverschreibungen (abzüglich der im Abs. 3 bezeichneten Schuldverschreibungen) mehr als zwölf, aber weniger als sechzehn Millionen Mark beträgt, der Beschluß nur zu Stande kommt, wenn die durch die Dreiviertel-Majorität vertretenen Schuldverschreibungen nach dem Nennwerthe zusammen mindestens 8 Millionen Mark ausmachen, soll das unrichtige Ergebniß ausschließen, daß bei einem Gesammtkapitale von mehr als 12 Millionen Mark der für die Mehrheit erforderliche Betrag zunächst wieder unter die Höhe von 8 Millionen herabsinkt, zu der er bei einem Gesammtkapitale von 12 Millionen bereits gelangt ist. (Begr. 19).

6) Die von der Reichstagskommission eingefügte Vorschrift des Abs. 3 soll Abhülfe für die Fälle schaffen, in denen der Schuldner von den im Umlaufe befindlichen Stücken eine so große Zahl besitzt, daß die nach Abs. 2 Satz 2, 3 erforderlichen Beträge nicht erreicht werden könnten. Wenn beispielsweise von einem Papiere 12 Millionen Mark im Umlaufe sind, von denen der Schuldner 5 Millionen Mark für seinen Reservefonds erworben hat, so wäre, da diese 5 Millionen kein Stimmrecht gewähren (§ 10 Abs. 4), aber doch noch im Umlaufe befindlich sind (vgl. Anm. 1 zu § 2), die Erreichung der für einen Zinsherabsetzungsbeschluß nach Abs. 2, Satz 2 erforderlichen 8 Millionen Mark Majorität unmöglich. Nach der Vorschrift des Abs. 3 werden die 5 Millionen hier nicht mit in Ansatz gebracht, so daß für die Majorität in dem bezeichneten Falle nur $4^2/_3$ Millionen Mark erforderlich wären.

Nur diejenigen im Besitze des Schuldners befindlichen Schuldverschreibungen dürfen in Abzug gebracht werden, welche der Schuldner als ihm gehörend besitzt (§ 872 BGB.), für die also ein Stimmberechtigter nicht existirt, vgl. § 10 Abs. 4 und Anm. 10 dazu. Schuldverschreibungen, die der Schuldner als Pfandgläubiger, Zurückbehaltungsberechtigter oder Verwahrer besitzt, gewähren ihren Eigenthümern das Stimmrecht und sind daher nicht in Abzug zu bringen, vgl. Anm. 11 zu § 10.

[7]) Strafvorschrift § 22 Abs. 1. Die Auskunft des Schuldners soll zur Grundlage für die nach Abs. 2, 3 aufzustellende Berechnung dienen. Zum Stimmen berechtigen alle diejenigen Schuldverschreibungen, welche dem zur Beschlußfassung schreitenden Verband angehören, sofern sie sich nicht im Eigenbesitze des Schuldners befinden, vgl. § 10 Abs. 4. Der Betrag der letzteren ist immer auszuscheiden. Es wird aber unter Umständen nicht genügen, daß mitgetheilt wird, wie viel, nach Abzug der bezeichneten Schuldverschreibungen, sich noch im Umlaufe befindet. Dies genügt vielmehr nur dann, wenn alle Schuldverschreibungen noch gleiche Rechte gewähren und somit noch demselben Verband angehören. Sind z. B. die Schuldverschreibungen zum Theil schon fällig und schreitet der Verband der noch nicht fälligen Schuldverschreibungen zur Abstimmung, so muß auch der Betrag der bereits fälligen in Abzug gebracht werden. S. Anm. 2 zu § 1 S. 25, 27.

§. 12.

Ein Beschluß der im §. 11 bezeichneten Art muß für alle Gläubiger die gleichen Bedingungen festsetzen.[1]) Die Festsetzung ungleicher Bedingungen ist nur mit ausdrücklicher Einwilligung der zurückgesetzten Gläubiger zulässig.[2]) Jedes sonstige Abkommen des Schuldners oder eines Dritten mit einem Gläubiger, durch welches dieser begünstigt werden soll, ist nichtig.[3]) Ein Beschluß der Versammlung, der durch Begünstigung einzelner Gläubiger zu Stande gebracht ist, hat den übrigen Gläubigern gegenüber keine verbindliche Kraft.[4])

Der Schuldner hat den Beschluß in der im §. 6 Abs. 1 bezeichneten Weise bekannt zu machen.[5])

Auf die dem Nennwerthe der Schuldverschreibungen entsprechenden Kapitalansprüche kann durch Beschluß der Versammlung nicht verzichtet werden.[6])

[1]) Für alle Gläubiger, d. h. für die Gläubiger, für welche der Beschluß verbindliche Kraft hat (§ 1 Abs. 1), also nur für sämmtliche zu demselben Verbande gehörige Gläubiger (vgl. Anm. 2 III zu § 1 S. 23 ff.), aber ohne Rücksicht darauf, ob sie an der Beschlußfassung Theil genommen haben oder nicht. Merzbacher Anm. 2 zu § 12 bemerkt, daß der Schuldner für die in seinem Besitze befindlichen Schuldverschreibungen (§ 10 Abs. 4) härtere Bedingungen eingehen könne. Dies ist jedoch nur mit der Einschränkung richtig, daß, wenn der Schuldner sich ihres Besitzes wieder entäußert, die für die anderen Schuldverschreibungen festgesetzten Bedingungen auch für sie Platz greifen, es sei denn, daß der Schuldner den Inhalt der Schuldverschreibungsurkunden den härteren Bedingungen entsprechend abändert, wodurch sie aber aus dem Verband ausscheiden, s. oben S. 25.

Die gleichen Bedingungen verstehen sich, soweit dies in Frage kommen kann, nach dem Verhältnisse der Nennwerthe (vgl. § 1 Abs. 1). Es darf, ebenso wie nach § 181 KO., unbeschadet der Vorschrift des Satz 2, kein Gläubiger durch den Beschluß thatsächlich günstiger gestellt werden als andere. Ist dieser Voraussetzung nicht genügt und ist auch die im Satz 2 vorgeschriebene Einwilligung nicht beigebracht, so ist ein verbindlicher Beschluß nicht zu Stande gekommen. Der Beschluß kann vielmehr erst dann perfekt werden, wenn die Einwilligung sämmtlicher zurückgesetzter Gläubiger vorliegt. S. auch Anm. 2.

[2]) Es muß die Einwilligung jedes in irgend einer Beziehung zurückgesetzten Gläubigers, gleichgültig ob er in der Versammlung erschienen ist oder nicht, ob er bekannt ist oder nicht, beigebracht werden. Als ausdrückliche Einwilligung muß es angesehen werden, wenn der zurückgesetzte Gläubiger dem Beschluß in der Versammlung zustimmt. Da das Zustandekommen des Beschlusses nur dargethan werden kann, wenn auch der Nachweis der Einwilligung erbracht wird, vgl. Anm. 1, so wird es zweckmäßig sein, die Einwilligungserklärung der zurückgesetzten Gläubiger, die nicht dem Beschlusse zugestimmt haben, schriftlich ertheilen zu lassen. Was in den Fällen des beschränkten oder des getheilten Eigenthums an der Schuldverschreibung für die Ausübung des Stimmrechts gilt, gilt auch für die Einwilligungserklärung, vgl. oben Anm. 3 II zu § 1 S. 29 ff. Um den Fällen Rechnung zu tragen, in denen die Einwilligung eines zurückgesetzten Gläubigers nicht zu erreichen ist, weil er unbekannt ist oder die Einwilligung verweigert, wird es sich empfehlen, die unbekannt bleibenden oder sich weigernden Gläubiger für diesen Fall durch den Beschluß den Meistbegünstigten gleichzustellen. Ist dies verabsäumt, so kann der Mangel nicht dadurch beseitigt werden, daß der Schuldner dem Gläubiger die Meistbegünstigung gewährt oder ihn durch Zahlung der Schuld abfindet. Es würde dann vielmehr ein nach Satz 3 nichtiges Abkommen vorliegen und dem Beschlusse würde nach Satz 4 die verbindliche Kraft abgehen, da die für das Zustandekommen des Beschlusses

erforderliche Einwilligung durch Begünstigung eines Gläubigers herbeigeführt wäre.

[3]) Es handelt sich, ebenso wie im § 181 Satz 3 KO., um Nebenabkommen, welche mit dem zu Stande zu bringenden Verzicht in irgendwelcher Weise in Verbindung stehen und die nicht nur objektiv eine Bevorzugung enthalten, sondern auch mit dem Bewußtsein der Bevorzugung getroffen sind. Während Bevorzugungen durch den Beschluß selbst diesen nicht nichtig machen, sondern nur seine verbindliche Kraft so lange in Frage stellen, bis die Einwilligung der nicht bevorzugten Gläubiger erfolgt ist, sind solche Nebenabkommen ohne weiteres nichtig, wobei es gleichgültig ist, ob ein Beschluß der Versammlung durch sie zu Stande gekommen ist, oder wenn ein Dritter das Abkommen mit dem Gläubiger getroffen hat, ob der Schuldner davon Kenntniß hat. Im Einzelnen wird hier in allen Punkten dasselbe zu gelten haben, wie zu § 181 Satz 3 KO. Vgl. die Strafvorschrift im § 23.

[4]) Satz 4 bezieht sich nicht auf den Fall, daß der Beschluß selbst eine Bevorzugung einzelner Gläubiger enthält (Satz 1, 2), sondern trifft Bestimmung für den Fall, daß ein Nebenabkommen der im Satz 3 bezeichneten Art in ursächlichem Zusammenhange mit dem Zustandekommen des Verzichts steht. Es ist vorausgesetzt, daß ohne das Verhalten des durch das Nebenabkommen beeinflußten Gläubigers der Beschluß nicht zu Stande gekommen wäre, z. B. wenn ohne seine Zustimmung oder doch wenigstens Stimmenthaltung die im § 11 vorgeschriebenen Majoritäten nicht erreicht worden wären, oder wenn die nach § 12 Abs. 1 Satz 2 erforderliche Einwilligung erkauft worden ist, vgl. Anm. 2 a. E. Es handelt sich um einen speziellen Anfechtungsgrund für Beschlüsse der im § 11 bezeichneten Art, der von dem allgemeinen Anfechtungsgrunde des Betrugs scharf zu sondern ist. Die §§ 123, 124 BGB. finden daher keine

Anwendung. Insbesondere ist es belanglos, ob die Begünstigung durch einen Dritten oder den Schuldner gewährt ist, und die Anfechtung ist an keine Frist gebunden. Befugt zur Geltendmachung des Mangels ist jeder Gläubiger, mit Ausnahme des durch das Nebenabkommen begünstigten und, wie wohl anzunehmen sein wird, auch derjenigen, welche mit Kenntniß der Begünstigung dem Beschlusse zugestimmt haben. Für diese behält der Beschluß seine verbindliche Kraft. Eine Bestätigung des Beschlusses durch die Aufsichtsbehörde präjudizirt der Anfechtung nicht. Vgl. im Uebrigen Anm. 6b zu § 1 S. 36.

Uebrigens kann ein Nebenabkommen der im Satz 3 bezeichneten Art auch die Anfechtung wegen Betrugs begründen. Es bedarf dann, sofern die übrigen Voraussetzungen vorliegen, auch nicht schlechthin des Nachweises eines Kausalzusammenhanges zwischen dem Nebenabkommen und dem Zustandekommen des Beschlusses, vielmehr kann schon der Nachweis genügen, daß der Beschluß nicht zu Stande gekommen wäre, wenn andere Gläubiger die heimliche Begünstigung gekannt hätten, vgl. Entsch. d. Reichsgerichts in C.-S. Bd. 39 S. 17.

[5]) Abs. 3 enthält nur eine Ordnungsvorschrift. Die Bekanntmachung ist für die verbindliche Kraft des Beschlusses ohne Bedeutung, vgl. Anm. 6a zu § 1 S. 35.

[6]) Das Gesetz verweist ausdrücklich auf den Nennwerth und dieser entscheidet daher auch dann, wenn die Schuldverschreibungen mit einem Disagio ausgegeben worden sind. Zuschläge, die über den Nennwerth hinaus bei der Rückzahlung zu entrichten sind, bilden, wenn sie auch in rechtlicher Beziehung als Kapitalschuld zu betrachten sein mögen, doch wirthschaftlich nur eine nachträgliche Zinsvergütung; ein Verzicht auf sie ist deshalb gestattet (Begr. 18).

§. 13.

Steht der Geschäftsbetrieb des Schuldners unter staatlicher Aufsicht,[1]) so ist zu einem Beschlusse der im §. 11 bezeichneten Art die Bestätigung durch die Aufsichtsbehörde erforderlich.[2])

Die Aufsichtsbehörde hat die Ertheilung sowie die Versagung der Bestätigung öffentlich bekannt zu machen.[3])

[1]) Vgl. § 5.

[2]) Die Bestätigung ist erforderlich, damit der Beschluß seine verbindliche Kraft erhält. S. aber § 18 Abs. 6. Weiter geht ihre Bedeutung nicht, insbesondere werden durch sie Mängel, die dem Beschluß etwa anhaften, nicht geheilt, noch wird die Anfechtung ausgeschlossen. Die Bestätigung soll nur erfolgen, wenn der Beschluß in einer ordnungsmäßig berufenen Versammlung nach den Vorschriften des Gesetzes gefaßt ist und auch sein Inhalt gesetzlich zulässig ist. In betreff der Gesichtspunkte, von welchen die Aufsichtsbehörde im Uebrigen auszugehen hat, bemerkt Begr. 20, daß die Behörde in der Lage sei, sich ausreichende Kenntniß von der Lage des Unternehmens zu verschaffen, und deshalb auch berufen sei, die Zweckmäßigkeit der von der Versammlung gefaßten Beschlüsse zu würdigen.

Die Ertheilung der Bestätigung wird zwar in der Regel von dem Schuldner nachzusuchen sein, kann aber auch von anderen Personen beantragt werden. Der Behörde steht es jedoch frei, die Bestätigung mit Rücksicht auf die Person des Antragstellers vorläufig zu versagen.

Die Beschwerde gegen die Ertheilung oder die Versagung der Bestätigung richtet sich nach den Landesgesetzen.

[3]) Die Art der Bekanntmachung ist dem Ermessen der Aufsichtsbehörde überlassen. Die Kosten der Bekanntmachung gehören zu den Kosten der Versammlung, § 3 Abs. 3.

Die Vertreter der Gläubiger.

In den §§ 14 bis 17 behandelt das Gesetz die verschiedenen Arten von Vertretern der Gläubiger.

1. §§ 14, 15, § 17 Abs. 2 Satz 2 betreffen den auf Grund dieses Gesetzes durch Beschluß der Gläubigerversammlung bestellten Vertreter, auf den bereits im § 1 Abs. 2 hingewiesen ist. Von sonstigen Vorschriften des Gesetzes beziehen sich noch auf diesen Vertreter § 3 Abs. 2, § 4 Abs. 1, 4, § 7 Abs. 3, § 18 Abs. 3, 4, § 19, vgl. auch Anm. 1a zu § 20.

Wie Begr. 20 bemerkt, kann die Bestellung eines gemeinsamen Vertreters der Schuldverschreibungsbesitzer aus den verschiedensten Anlässen erfolgen, beispielsweise zur Erhebung einer Klage auf Vornahme der planmäßigen Tilgung, auf Einlösung der Zinsscheine, auf Bestellung oder Erhaltung der versprochenen Sicherheiten und dergl. mehr. Aber auch zu anderen Zwecken als zur unmittelbaren Geltendmachung der Rechte aus den Schuldverschreibungen, namentlich um den Geschäftsbetrieb des Schuldners innerhalb des durch die gesetzlichen Vorschriften oder durch besondere Vereinbarungen gezogenen Rahmens zu überwachen oder um Verhandlungen mit dem Schuldner zu führen und Beschlüsse der Gläubigerversammlung vorzubereiten, kann die Bestellung eines Vertreters in Frage kommen.

Bei der Einrichtung der Vertretung im Einzelnen ist der Gläubigerversammlung freier Spielraum gelassen. Sie kann auf Grund der Befugniß, mehrere Vertreter mit verschiedenen Funktionen zu bestellen, einen weiteren Ausbau der Organisation vornehmen, insbesondere zur Unterstützung und Ueberwachung des Vertreters diesem einen Ausschuß, der selbst wiederum aus Vertretern besteht, an die Seite zu setzen. Es ist auch angängig, Einrichtungen solcher Art dauernd mit dem Unternehmen des Schuldners zu verbinden, und zwar kann der

Schuldner selbst die Anregung hierzu durch Anträge bei der Gläubigerversammlung geben (Begr. 12).

2. Weiter wird in den nachstehenden Paragraphen das Verhältniß des von der Versammlung nach Maßgabe dieses Gesetzes gewählten Vertreters zu den auf Grund anderweitiger Vorschriften für die Gläubiger bestellten Vertretern geregelt, § 16 Abs. 1, § 17 Abs. 1, wobei das für die letztgenannten Vertreter geltende Recht in einigen Beziehungen ergänzt wird (§ 16 Abs. 2, 3, § 17 Abs. 1, Abs. 2 Satz 1). Es werden genannt der nach § 1189 BGB. bestellte Grundbuchvertreter (vgl. Anm. 1 zu § 16), der Vertragsvertreter, welcher bei der Ausgabe der Schuldverschreibungen bestellt wird (vgl. Anm. 2 zu § 16, Anm. 1b zu § 17), und der Vertreter, welcher auf Grund des aus Anlaß des BGB. außer Kraft tretenden Rechtes oder auf Grund von Uebergangsvorschriften bestellt worden ist (vgl. Anm. 1a zu § 17). In diesem Zusammenhang ist auch noch auf § 25 zu verweisen, der für einen Spezialfall die landesgesetzliche Regelung der Vertretung der Schuldverschreibungsbesitzer aufrecht erhält. Den nach § 29 des Hypothekenbankgesetzes bei den Hypothekenbanken zu bestellenden Treuhänder erwähnt das Gesetz nicht, da dieser Treuhänder nicht Vertreter der Pfandbriefgläubiger, sondern Beauftragter der Aufsichtsbehörde ist (vgl. Göppert, Hypothekenbankgesetz Anm. 1 zu § 29). Sieht man von den auf Grund von außer Kraft getretenen Gesetzen oder Uebergangsvorschriften bestellten Vertretern (§ 17) und dem Falle des § 25 ab, so kann neben dem von der Gläubigerversammlung gewählten Vertreter stets ein Vertragsvertreter und, wenn die Forderungen aus den Schuldverschreibungen hypothekarisch sichergestellt sind, auch ein Grundbuchvertreter zur Vertretung der Gläubiger bestellt sein; selbstverständlich können diese drei Funktionen auch in einer Hand vereint werden. Abgesehen von der Art der Bestellung und der Unabhängigkeit ihres Amtes von

der Zahl der im Umlaufe befindlichen Schuldverschreibungen (§ 2), unterscheiden sich der Grundbuch- und der Vertragsvertreter von dem durch die Versammlung bestellten Vertreter namentlich dadurch, daß sie nicht nur zu den Gläubigern, sondern auch zu dem Schuldner in einem vertragsmäßigen Verhältnisse stehen, daß sie also Weisungen der Gläubiger nur insoweit Folge zu leisten haben, als dies aus den bei ihrer Bestellung festgesetzten Pflichten folgt, und daß in den Kreis ihrer Befugnisse die Ermächtigung zum Verzicht auf Rechte der Gläubiger unbeschränkt aufgenommen werden darf, vgl. § 14 Abs. 3 und Anm. 1 zu § 11 S. 73. Andererseits kommt dem zur gerichtlichen Geltendmachung der Gläubigerrechte befugten Grundbuch- oder Vertragsvertreter im Prozesse nicht, wie dem von der Gläubigerversammlung bestellten Vertreter, die Stellung von gesetzlichen Vertretern zu (§ 14 Abs. 4); namentlich dieser Umstand wird der durch Privatfestsetzungen nicht einzuschränkenden Befugniß der Versammlung (vgl. § 20 Anm. 1a), neben einem bereits bestellten Vertrags- oder Grundbuchvertreter ihrerseits einen Vertreter zu berufen, die praktische Bedeutung sichern. Vgl. auch Anm. 8 zu § 16 S. 107.

§. 14

Beschließt die Versammlung die Bestellung eines Vertreters der Gläubiger, so muß zugleich der Umfang seiner Befugnisse bestimmt werden.[1])

Soweit der Vertreter zur Geltendmachung von Rechten der Gläubiger ermächtigt ist, kann durch Beschluß der Gläubigerversammlung die Befugniß der einzelnen Gläubiger zur selbständigen Geltendmachung ausgeschlossen werden.[2]) Der Beschluß unterliegt den Vorschriften des §. 11 Abs. 2 bis 4, des §. 12 Abs. 2 und des §. 13.[3])

Zum Verzicht auf Rechte der Gläubiger ist der Vertreter nur auf Grund eines ihn hierzu im einzelnen Falle besonders ermächtigenden Beschlusses der Gläubigerversammlung befugt.[4]) Der Beschluß unterliegt den Vorschriften der §§. 11 bis 13.[5])

Führt der Vertreter für die Gesammtheit der Gläubiger einen Rechtsstreit,[6]) so hat er in diesem die Stellung eines gesetzlichen Vertreters.[7]) Für die Kosten des Rechtsstreits, welche den Gläubigern zur Last fallen, haftet der Schuldner, unbeschadet seines Rückgriffs gegen die Gläubiger.[8])

Sind mehrere Vertreter bestellt, so können sie, falls nicht ein Anderes bestimmt ist, ihre Befugnisse nur in Gemeinschaft ausüben.[9])

Ein Vertreter kann, unbeschadet des Anspruchs auf die vertragsmäßige Vergütung, von der Gläubigerversammlung jederzeit abberufen werden.[10]) Der Beschluß bedarf einer Mehrheit von drei Viertheilen der abgegebenen Stimmen; die Mehrheit muß, wenn dem Vertreter nach Maßgabe des Abs. 2 die ausschließliche Geltendmachung von Rechten der Gläubiger übertragen ist, mindestens die Hälfte des Nennwerths der im Umlaufe befindlichen Schuldverschreibungen betragen; die Vorschriften des §. 11 Abs. 3, 4 und des §. 12 Abs. 2 finden Anwendung.[11])

[1]) Der Beschluß, durch welchen ein Vertreter bestellt wird, unterliegt hinsichtlich seines Zustandekommens wie hinsichtlich seines Inhalts zunächst den allgemeinen Vorschriften des Gesetzes. Vgl. in ersterer Hinsicht §§ 3 bis 10. Bei der Bekanntmachung der Tagesordnung (§ 7) wird es im Allgemeinen genügen, wenn die Wahl eines Vertreters angekündigt wird, da sich aus § 14 Abs. 1 ergiebt, daß auch die dem Vertreter zu ertheilenden Befugnisse gleichzeitig Gegenstand der Beschlußfassung sein werden. Nur im Falle des § 14 Abs. 3 wird angekündigt werden müssen, daß und inwieweit dem Vertreter das Recht zur Verzichtleistung eingeräumt werden soll. Siehe im Uebrigen Anm. 1, 3 zu § 7. Die Wahl erfordert, sofern nicht die strengeren Vorschriften des § 14 Abs. 3 Platz greifen, nach § 10 Abs. 1 die absolute Majorität der abgegebenen Stimmen; bei Stimmengleichheit entscheidet die Zahl der Gläubiger. Vereinigt sich, wenn mehr als zwei Personen in Frage kommen, die absolute Majorität nicht auf dieselbe Person, so muß eine engere Wahl stattfinden.

In der Auswahl des Vertreters sind dem Ermessen der Versammlung keine Schranken gesetzt. Auch Handelsgesellschaften oder juristische Personen können gewählt werden.

Mit Rücksicht auf die Verschiedenheit der Zwecke, welche zur Bestellung eines Vertreters Anlaß geben können (siehe die Vorbemerkung S. 83), hat das Gesetz von einer allgemeinen Festlegung seiner Befugnisse Abstand genommen (Begr. 21). Nur die in § 3 Abs. 2, § 4 Abs. 1 (Antragsrecht auf Berufung einer Versammlung) und im § 15 bezeichneten Befugnisse stehen dem Vertreter kraft Gesetzes zu. Seine Befugnisse können in der Vornahme eines Rechtsgeschäfts bestehen, aber auch rein thatsächlicher Natur sein. Jedenfalls dürfen dem Vertreter nur solche Befugnisse übertragen werden, welche den Gläubigern selbst zustehen (Begr. 21) (insoweit über sie durch Mehrheitsbeschluß verfügt werden kann).

Auch die Bestellung des Vertreters und die Uebertragung von Befugnissen auf ihn darf stets nur zur Wahrung der gemeinsamen Interessen erfolgen (§ 1 Abs. 2, siehe auch Anm. 4 zu § 1 S. 32), woraus sich ergiebt, daß er nur zur Vertretung in einem einheitlichen Sinne bestellt werden kann, vgl. Riesser S. 88. Damit ist jedoch nicht gesagt, daß dem Vertreter nur Angelegenheiten der Gemeinschaft aufgetragen werden können, vielmehr ist seine Bestellung auch dann zur Wahrung der gemeinsamen Interessen erfolgt, wenn ihm die Besorgung von Angelegenheiten aufgetragen ist, die zwar alle Gläubiger, aber jeden nur für sich betreffen, vgl. § 19. Die Bestellung des Vertreters kann niemals zur Folge haben, daß die Gläubiger, sei es dem Vertreter, sei es durch Handlungen des Vertreters Dritten gegenüber, zu Leistungen verpflichtet werden. Verträge, die begrifflich die Leistung einer Vergütung erfordern, wie der Dienstvertrag (§ 611 BGB.), können somit weder von dem Verbande mit dem Vertreter, noch von dem Vertreter für den Verband abgeschlossen werden. Vgl. § 1 Abs. 3 und Anm. 8 dazu, siehe jedoch § 14 Abs. 4 und Anm. 8 dazu. Wenn § 14 Abs. 6 dem Vertreter für den Fall seiner Abberufung den Anspruch auf die vertragsmäßige Vergütung wahrt, so kann es sich nur um eine Vergütung handeln, welche ihm von einzelnen Gläubigern durch besonderes Abkommen mit Rücksicht auf die ihm von dem Verband übertragene Thätigkeit zugesagt worden ist. Im Uebrigen entsteht für ihn ein Anspruch auf Vergütung selbst dann nicht, wenn ihm der Mehrheitsbeschluß eine Vergütung zugesagt haben sollte, da insoweit der Beschluß nach § 1 Abs. 3 keine verbindliche Kraft hat.

Die Bestimmung, wonach die Befugnisse des Vertreters durch den Beschluß festzusetzen sind, hat nicht die Bedeutung, daß die Handlungen, zu welchen der Vertreter berechtigt sein soll, jede für sich bezeichnet werden müßte. Ein Anderes gilt nur von der Ermächtigung zur Verzichtleistung auf Rechte der Gläubiger, vgl. Abs. 3 und Anm. 4 dazu (Begr. 21). Im Uebrigen hängt es von der Versammlung ab, inwieweit sie durch engere oder weitere Umschreibung der Befugnisse das eigene Ermessen des Vertreters einschränken oder freilassen will.

Das Rechtsverhältniß zwischen dem Vertreter und dem Verbande wird sich in der Regel als Auftrag gemäß §§ 662 bis 674 BGB. gestalten. Dem Abschluß eines Dienst- oder Werkvertrags (§§ 611, 631 BGB.) steht die nothwendige Unentgeltlichkeit der von dem Verbande zu schließenden Verträge (§ 1 Abs. 3) entgegen, anders Merzbacher Anm. 3e Abs. 2. Auch dann, wenn, wie das in der Regel der Fall sein wird, dem Vertreter von den am Zustandekommen der Vertretung interessirten Gläubigern eine Vergütung für die dem Verbande zu leistenden Dienste zugesagt wird, besteht doch zwischen der Gesammtheit der Schuldverschreibungsbesitzer und dem Vertreter nur ein Auftrag. Geht der Auftrag auf Vornahme eines Rechtsgeschäfts, so muß er mit einer Vollmacht (§§ 167 ff. BGB.) verbunden sein. Im Einzelnen ist auf Folgendes hinzuweisen: Die dem Beauftragten obliegende Pflicht zur Ertheilung von Nachrichten und Auskünften und zur Rechnungslegung (§ 666 BGB.) hat er nur gegenüber dem Verbande zu erfüllen. Es wird sich deshalb stets empfehlen, über die Art, wie dieser Pflicht zu genügen ist, Bestimmung zu treffen. Es kann auch bei umfangreicherer Thätigkeit des Vertreters angezeigt sein, einen Ausschuß zu bilden, dem der Vertreter Rechenschaft zu legen hat. Die Vorschriften der §§ 669, 670 BGB. über die Pflicht des Auftraggebers zur Vorschußleistung und zum Ersatze der zur Ausführung des Auftrags gemachten Aufwendungen können mit Rücksicht auf die Bestimmung des § 1 Abs. 3 hier keine Anwendung finden. Der Vertreter kann auch nicht wegen der ihm erwachsenen

Auslagen an einer den Schuldverschreibungsbesitzern geschuldeten Leistung das Zurückbehaltungsrecht (§ 273 BGB.) ausüben oder gegen sie aufrechnen (§ 387 BGB.). Es bleibt ihm nur übrig, sich durch Sonderabkommen mit einzelnen Gläubigern sicherzustellen. In betreff des nach § 671 BGB. jederzeit zulässigen Widerrufs des Auftrags enthält § 14 Abs. 6 besondere Vorschriften. Der Widerruf kann sich auch auf die in Verfolg des Auftrags ertheilte Vollmacht beschränken, § 168 BGB. Erfolgt kein Widerruf oder keine Kündigung und erlischt der Auftrag auch nicht aus anderen Gründen (Tod des Beauftragten, Erledigung des zu besorgenden Geschäfts), so besteht der Auftrag fort bis zu der im § 2 vorgeschriebenen Bekanntmachung, welche die Auflösung des Verbandes zur Folge hat. Dagegen erlöschen die Befugnisse des Vertreters nicht nothwendig in Ansehung derjenigen Schuldverschreibungen, welche aus dem ursprünglichen Verband ausscheiden, jedoch im Umlaufe verbleiben, vgl. Anm. 1 zu § 2 S. 40, Anm. 2 III zu § 1 S. 25.

Was die Rechtsstellung des Vertreters nach außen betrifft, so bietet sie, von dem Falle des Auftrags zur Prozeßführung, vgl. Abs. 4, und dem Falle des § 17 Abs. 2 Satz 2 abgesehen, nur die Besonderheit von der Stellung des Beauftragten einer Mehrzahl von Personen, daß als seine Auftraggeber immer nur die jeweiligen Besitzer der Schuldverschreibungen gelten. Ueber seine Beauftragung und gegebenen Falles seine Bevollmächtigung hat er sich durch eine Ausfertigung des im § 9 vorgeschriebenen Protokolls auszuweisen, die auch nach §§ 29, 30 der Grundbuchordnung zum Nachweise seiner Bevollmächtigung hinreicht. Eine Willenserklärung, die der Vertreter innerhalb der ihm zustehenden Vertretungsmacht im Namen des Verbandes abgiebt, wirkt unmittelbar für und gegen die zum Verbande gehörigen Schuldverschreibungsbesitzer, § 164 BGB. Warum, wie Merzbacher Anm. 2e annimmt, diese Folge nur eintreten soll, wenn den Schuldverschreibungsbesitzern die Befugniß zur selbstständigen Geltendmachung der Rechte entzogen ist, ist nicht abzusehen.

²) Abs. 2 betrifft den besonderen Fall, daß die dem Vertreter ertheilten Befugnisse in der Geltendmachung von Rechten der Gläubiger bestehen. Unter Geltendmachung ist nicht ausschließlich die gerichtliche Geltendmachung (vgl. § 2212 BGB.), über die Abs. 4 im Besonderen handelt, zu verstehen, vielmehr auch jede andere Ausübung eines den Besitzern der Schuldverschreibungen in dieser Eigenschaft zustehenden Rechtes, wie die Einziehung von Zahlungen und dergl. Die Geltendmachung der Rechte steht im Gegensatze zum Verzichte, der im Abs. 3 behandelt ist.

Es ist vorausgesetzt, daß dem Vertreter kraft des Beschlusses der Versammlung in Bezug auf die fraglichen Rechte eine Vertretungsmacht verliehen ist, die sich nach §§ 164 ff. BGB. regelt. Siehe oben Anm. 1 S. 89.

Nach der Fassung des Entwurfs (§ 12 Abs. 2) sollte, soweit der Vertreter zur Geltendmachung von Rechten ermächtigt wurde, die selbstständige Geltendmachung der Rechte durch einzelne Gläubiger stets ausgeschlossen sein; hierzu bemerkte Begr. 21, daß ohne diese Beschränkung die Bestellung des Vertreters unlösbare Schwierigkeiten bereiten würde. Nach der jetzigen, auf den Beschlüssen der Reichstagskommission beruhenden Fassung ist es der Versammlung freigestellt, ob sie den einzelnen Gläubigern die Befugniß belassen will, das Recht auch selbst geltend zu machen, oder ob sie die Befugniß des Vertreters zu einer ausschließlichen gestalten will, vgl. jedoch § 19 Satz 2. Es kann Fälle geben, in denen die von dieser Regelung befürchteten Schwierigkeiten nicht eintreten, z. B. wenn der Vertreter nur die Anmeldung der Forderungen im Konkurse des Schuldners zu besorgen hat; ein selbstständiges Handeln des Einzelnen berührt hier die Gesammtheit nicht. Auf diese und ähnlich liegende

Fälle, in denen die Bevollmächtigung des Vertreters im Wesentlichen nur eine Erleichterung für den einzelnen Gläubiger bezweckt, muß aber die Möglichkeit beschränkt bleiben, dem einzelnen Gläubiger die Ausübung eines Rechtes neben dem Vertreter zu belassen. Bezweckt dagegen ein Beschluß, daß ein Recht ungetheilt im gemeinsamen Interesse sämmtlicher Schuldverschreibungsbesitzer wahrgenommen werde, so würde eine Konkurrenz des einzelnen Gläubigers diesem Zwecke widerstreiten. Solche Beschlüsse sind vielmehr, ohne daß es einer ausdrücklichen Festsetzung bedarf, dahin auszulegen, daß der einzelne Gläubiger sich seines Rechtes auf selbstständige Geltendmachung zu Gunsten der Gemeinsamkeit begiebt. Die jetzige Fassung des Gesetzes schafft also nur dann die Möglichkeit, den einzelnen Schuldverschreibungsbesitzern auf dem von dem Beschlusse getroffenen Gebiete Freiheit zu lassen, wo die von der Begründung befürchteten Schwierigkeiten nicht eintreten und nur in solchen Fällen bedarf es einer besonderen Festsetzung, um die selbstständige Geltendmachung der Rechte, zu deren Ausübung der Vertreter bevollmächtigt ist, dem einzelnen Gläubiger zu verschließen. Ist diese besondere Festsetzung in den Fällen, in denen sie sich nicht aus dem Zwecke des Beschlusses ergiebt, unterblieben, so ist jeder Gläubiger in der Lage, jederzeit die Ausübung des Rechtes selbst in die Hand zu nehmen. Er muß aber die von dem Vertreter innerhalb der Vertretungsmacht vorgenommenen Handlungen für und gegen sich gelten lassen (§ 164 BGB.), nicht anders, wie es auch in anderen Fällen einer Bevollmächtigung vorkommen kann. Ein Erlöschen der Vertretungsmacht in Bezug auf seine Rechte kann er entgegen dem auch für ihn verbindlichen Beschlusse nicht bewirken. Ist die selbstständige Geltendmachung dem einzelnen Gläubiger verschlossen, so ist, solange die Vertretungsmacht des Vertreters besteht, das Recht aus den Schuldverschreibungen inhaltlich insoweit beschränkt, als die Geltendmachung in der in Betracht kommenden Richtung nur gemeinschaftlich durch den Vertreter erfolgen kann, dergestalt, daß der Geltendmachung des Rechtes durch den einzelnen Gläubiger der Einwand der mangelnden Berechtigung entgegensteht. Dies gilt namentlich auch für den Prozeß. Die Lage des einzelnen Gläubigers gleicht dann der des Erben, wenn ein Testamentsvollstrecker ernannt ist, § 2211 Abs. 1 BGB.

[3]) Die Vorschrift des § 12 Abs. 1 ist nicht ausdrücklich als anwendbar bezeichnet. Es ist aber bei der zweiten Berathung im Reichstag unter allseitigem Einverständnisse festgestellt worden, daß die Bestimmung hier auch Anwendung finden müsse (Sten. Ber. 1899 S. 2895 B).

Außer Anwendung bleibt daher allein die Bestimmung des § 11 Abs. 1, nach welcher der Beschluß nur gefaßt werden könnte zur Abwendung der Zahlungseinstellung oder des Konkurses des Schuldners. Der Fall des § 12 Abs. 3 kann nicht in Frage kommen, ohne daß § 14 Abs. 3 Platz greift.

Bedarf der Ausschluß des einzelnen Gläubigers besonderer Festsetzung (vgl. Anm. 2), so brauchen die Vorschriften der §§ 11 bis 13, soweit sie zur Anwendung zu gelangen haben, nur hinsichtlich dieser Festsetzung gewahrt zu sein. Im Uebrigen kann der Beschluß mit einfacher Majorität gefaßt werden (§ 10 Abs. 1) und bedarf nicht der Bestätigung durch die Aufsichtsbehörde. Er wird auch in seinem Bestande nicht berührt, wenn die besondere Festsetzung nicht die erforderliche qualifizirte Majorität sowie die Bestätigung der Aufsichtsbehörde findet oder aus den im § 12 Abs. 1 bezeichneten Gründen keine verbindliche Kraft hat. Anders, wenn schon der Inhalt des Beschlusses den Ausschluß der einzelnen Gläubiger zur Folge hat, dann müssen alle Erfordernisse bereits bei dem Beschluß über die Bevollmächtigung des Vertreters gewahrt sein.

Im Falle des Konkurses des Schuldners tritt für die in Rede stehenden Beschlüsse nur die Erleichterung ein, daß die Bestätigung der Aufsichtsbehörde nicht mehr nachgesucht zu werden braucht, § 18 Abs. 6.

4) Abs. 3 betrifft im Gegensatze zu Abs. 2 den Fall, daß der Vertreter zur Aufgabe oder Beschränkung von Rechten der Gläubiger, insbesondere zur Ermäßigung des Zinsfußes oder zur Bewilligung einer Stundung bevollmächtigt werden soll. Hier genügt nicht eine allgemeine Ermächtigung des Vertreters, es genügt auch nicht, wenn dem Vertreter im voraus eine, wenngleich genau umgrenzte, Vollmacht zum Verzicht ertheilt wird, vielmehr kann es sich immer nur um eine Maßnahme handeln, die auf einen bestimmten, bereits eingetretenen oder wenigstens als bevorstehend angenommenen Fall berechnet ist, und für diesen müssen dem Vertreter genau umschriebene Befugnisse ertheilt werden.

5) Die Ermächtigung des Vertreters zum Verzicht auf Rechte der Gläubiger steht im Ergebnisse einem Beschlusse gleich, der unmittelbar auf Beschränkung oder Aufgabe von Gläubigerrechten geht. Folgerichtig müssen daher die Vorschriften der §§ 11 bis 13 auch hier zur Anwendung kommen. Insbesondere kann außerhalb des Konkurses (§ 18 Abs. 6) die Ermächtigung zum Verzichte dem Vertreter nur zur Abwendung einer Zahlungseinstellung oder des Konkurses des Schuldners ertheilt werden, § 11 Abs. 1.

6) Begr. 22 bemerkt zu Abs. 4, die Vorschrift stelle klar, daß die Gesammtheit der Schuldverschreibungsbesitzer als solche klagen und verklagt werden könne und durch den von der Gläubigerversammlung bestellten Vertreter auch im Prozesse vertreten werde. — Diese Bemerkung darf aber nur so verstanden werden, daß es ausschließlich in der Hand der zu dem Verbande geeinten Schuldverschreibungsbesitzer liegt, ob und in betreff welcher Gegenstände sie in dieser Vereinigung klagen oder sich verklagen lassen wollen, d. h. ob sie einen Vertreter bestellen wollen mit der Ermächtigung, einen Prozeß über das in Frage kommende Recht für sie als Kläger

oder als Beklagte zu führen. Die „formelle Parteifähigkeit“ des Verbandes liegt hinsichtlich der Gegenstände, der Parteirolle und selbst der Dauer in dem Willen des Verbandes, der sich in dem Umfange der dem Vertreter durch Beschluß ertheilten Vollmacht ausdrückt. Soweit es an einer solchen Bevollmächtigung fehlt oder die ertheilte Vollmacht zurückgenommen wird, bietet auch § 57 CPO. keine Abhülfe. Hiernach besteht nur die Möglichkeit einer formellen Parteifähigkeit. Diese Möglichkeit hört auf mit der Auflösung des Verbandes und dem mit dieser eintretenden Erlöschen des Amtes des Vertreters, § 2.

Führt der Verband durch seinen Vertreter einen Prozeß, so stehen die Gläubiger dem Prozeßgegner nicht als eine bloße Mehrzahl individuell bestimmter Personen gegenüber, die gemäß § 265 Abs. 2 CPO. ohne Zustimmung des Gegners nicht wechseln können. Partei sind vielmehr die Besitzer der zu dem Verbande gehörigen Schuldverschreibungen, ohne Rücksicht auf ihre Individualität. Die Eigenschaft als Kläger oder Beklagter haftet an dem Besitze der Schuldverschreibung, gleich als ob die Schuldverschreibungen selbst Kläger oder Beklagte wären. So wirkt auch das Urtheil nicht für oder gegen die Personen der zeitigen Schuldverschreibungsbesitzer, vielmehr wirkt es nur in Bezug auf das Recht aus der Urkunde. Das Urtheil wirkt für alle zu dem Verbande gehörigen Schuldverschreibungen, somit auch für die im Eigenbesitze des Schuldners befindlichen. Ein späterer Erwerber solcher Schuldverschreibungen kann sich sowohl auf das Urtheil berufen, wie er es gegen sich gelten lassen muß.

Während der Dauer des von dem Vertreter geführten Rechtsstreits ist für die selbstständige Geltendmachung des im Prozesse befangenen Rechtes durch einzelne Gläubiger selbst dann kein Raum, wenn die Befugniß der einzelnen Gläubiger zur selbstständigen Geltendmachung des Rechtes nicht ausgeschlossen ist. Einer trotzdem von dem Besitzer einer Schuldverschreibung erhobenen Klage steht die Einrede der Rechtshängigkeit entgegen, § 263 Abs. 2 Nr. 1 CPO. Ist aber der Besitzer dem Vertreter in der Erhebung der Klage zuvorgekommen, so steht dem Vertreter dieselbe Einrede entgegen, insoweit er auch für diesen Gläubiger klagt. Ist die selbstständige Geltendmachung des Rechtes durch den einzelnen Gläubiger ausgeschlossen, so ist er für einen Prozeß über das Recht weder aktiv noch passiv legitimirt, vgl. Anm. 2 S. 92 f. Eine Nebenintervention des einzelnen Gläubigers in dem von dem Vertreter geführten Prozesse dürfte gleichfalls nicht zulässig sein; allerdings wird die Zulässigkeit für ähnlich liegende Fälle angenommen (für die offene Handelsgesellschaft, Entsch. d. Reichsger. in CS. Bd. 5 S. 71, für den Fall des § 1189 BGB. Böhm, Reichsgrundbuchrecht S. 292). Jedenfalls ist es aber nicht zulässig, den Besitzer einer Schuldverschreibung in dem Prozeß als Zeugen oder Sachverständigen zu vernehmen.

7) Die Vorschrift bezweckt, die Zweifel zu beseitigen, welche sonst bezüglich der Vornahme bestimmter Prozeßhandlungen, namentlich der Eidesleistungen erhoben werden könnten (Begr. 22.) Wie sich aus den Ausführungen in Anm. 6 ergiebt, kommt dem Vertreter die Befugniß, den Verband im Prozesse zu vertreten, nur auf Grund einer ihm durch Versammlungsbeschluß ertheilten Vertretungsmacht, nicht kraft Gesetzes zu und die Vertretungsmacht kann sich auf einen bestimmten Prozeß oder auf Prozesse über bestimmte Rechte beschränken. Ist nicht für den Einzelfall Beschluß gefaßt, so ist es Auslegungsfrage, ob die im Allgemeinen ertheilte Vertretungsmacht zur Vertretung in dem fraglichen Prozeß ermächtigt. Nur insoweit diese von Amtswegen zu prüfende Frage (§ 56 CPO.) zu bejahen ist, finden die auf den gesetzlichen Vertreter bezüglichen Vorschriften der Civilprozeßordnung kraft Gesetzes auf den Vertreter Anwendung, insbesondere hat die Zuschiebung oder Zurückschiebung eines Eides an ihn

zu erfolgen, § 473 CPO., und ein richterlicher Eid ist ihm aufzuerlegen, § 476 CPO.

Die Klage ist gegen den Verband der Besitzer von Schuldverschreibungen der fraglichen Gattung, vertreten durch den nach Stand oder Gewerbe zu bezeichnenden, von der Gläubigerversammlung gewählten Vertreter, zu richten oder von dem Verband unter diesem Rubrum anzustrengen, § 253 Abs. 4, § 130 Nr. 1 CPO. Einer Angabe der Namen der Gläubiger bedarf es nie (a. M. Schott, Das Armenrecht der deutschen Civilprozeßordnung S. 72), es sei denn, daß Gläubiger auch persönlich verklagt werden sollen. Der Vertreter als solcher ist niemals Partei (a. M. Schott a. a. O., für den Fall, daß die Befugniß zur selbstständigen Geltendmachung des Rechtes ausgeschlossen ist). Für ihn kann also, abgesehen von dem Falle des § 102 CPO., eine persönliche Verpflichtung aus der Prozeßführung nicht erwachsen, insbesondere haftet er auch nicht für die Gebühren und Auslagen eines von ihm bestellten Prozeßbevollmächtigten. Vgl. im Uebrigen § 159 Nr. 4, § 171 Abs. 1, 3, § 241, § 313 Nr. 1 CPO.

Zur Beseitigung des Rechtsstreits durch Vergleich oder durch Verzichtleistung auf den Streitgegenstand ist der Vertreter und auch ein von ihm bestellter Prozeßbevollmächtigter nur auf Grund eines gemäß § 14 Abs. 3 gefaßten Beschlusses befugt. Im Uebrigen greift § 54 CPO. Platz.

8) Abs. 4 Satz 2 entspricht dem § 328 Abs. 2 Satz 2 HGB. Er enthält eine Ausnahme von dem Grundsatze des § 1 Abs. 3, daß keine Verpflichtung zu Leistungen für die Gläubiger durch Versammlungsbeschluß begründet werden kann, trägt aber gleichzeitig der Unmöglichkeit Rechnung, die Kosten von den der Person nach meist unbekannten Gläubigern einzuziehen, indem er für die Prozeßkosten stets den Schuldner haften läßt und zwar ohne Rücksicht darauf, ob der Verband obsiegt oder unterliegt, oder ob der Schuldner in dem Prozesse Partei

ist oder nicht. Die Vorschrift des § 91 CPO. wird durch die in Rede stehende Bestimmung nicht berührt. Im Einzelnen gilt Folgendes: Unterliegt der Verband, so sind ihm in dem Urtheile die Prozeßkosten zur Last zu legen. Zu den Prozeßkosten gehören die Gebühren und Auslagen der Staatskasse, wegen deren die Staatskasse sich, wenn der Verband mit dem Schuldner prozessirt, stets nur an den Schuldner und, wenn der Verband mit einer anderen Person prozessirt, insoweit an den Schuldner halten kann, als sie nach den sonstigen Bestimmungen den Verband in Anspruch zu nehmen hätte, vgl. § 92 des Gerichtskostengesetzes. Weiter gehören zu den Prozeßkosten die dem Gegner des Verbandes erwachsenen Kosten. Ist der Gegner nicht identisch mit dem Schuldner, so muß er, insoweit er von dem Verband Erstattung fordern dürfte, sich an den Schuldner halten. Unter den Prozeßkosten können sich Kosten, die dem Verband erwachsen sind, nicht befinden. Denn, ebenso wie durch die Beauftragung des Vertreters den Gläubigern keine Verpflichtung zu Leistungen erwachsen kann, so hat auch ein von dem Vertreter bestellter Prozeßbevollmächtigter gegen den Verband keinen Anspruch auf Begleichung seiner Gebühren und Auslagen. Sind aber, was stets der Fall sein wird, die für die Bestellung eines Prozeßbevollmächtigten erforderlichen Kosten durch einzelne Gläubiger aufgebracht, so gehören diese Auslagen einzelner Gläubiger doch nicht zu den Kosten des Rechtsstreits.

Sind Kosten eines von dem Verbande geführten Rechtsstreits auf Grund des § 14 Abs. 4 Satz 2 von dem Schuldner eingezogen, obwohl er nicht Partei in dem Rechtsstreite war oder ihm nach § 91 CPO. die Kosten nicht zur Last fallen würden, so steht ihm der Rückgriff gegen die Besitzer der Schuldverschreibungen in der Weise zu, daß er den vorgeschossenen Betrag bei späteren Zins- oder Kapitalzahlungen in Abzug bringt. In derselben Weise muß er sich auch für die ihm selbst als Partei erwachsenen Kosten, die durch das Urtheil dem Verband auferlegt sind, schadlos halten. Gemäß § 420 BGB. sind die Besitzer der Schuldverschreibungen zu gleichen Antheilen verpflichtet. Bei der Berechnung des auf jede Schuldverschreibung entfallenden Antheils sind sämmtliche im Umlaufe befindliche Schuldverschreibungen des prozeßführenden Verbandes einschließlich der im Eigenbesitze des Schuldners befindlichen zu berücksichtigen. Das Forderungsrecht aus jeder Schuldverschreibung ist dann insoweit beschränkt, als der Schuldner mit einem Antheil seiner Kostenforderung zur Aufrechnung gegen sie befugt ist. Darin liegt nicht, wie Merzbacher Anm. 7c annimmt, eine Durchbrechung des Grundsatzes des § 796 BGB., wonach der Aussteller dem Inhaber einer Schuldverschreibung Einwendungen aus der Person seines Vorbesitzers nicht entgegensetzen kann. Vielmehr ist dies lediglich eine Folge des im § 1 Abs. 1 ausgesprochenen Grundsatzes, daß ein Beschluß für alle Gläubiger, d. h. für jeden gegenwärtigen und zukünftigen Gläubiger verbindliche Kraft hat, nur daß es sich hier um eine mittelbare Folge des Beschlusses handelt. Ueber die Anwendbarkeit des § 14 Abs. 4 Satz 2 im Konkurse siehe unten Vorbemerkung zu §§ 18, 19 S. 115.

[9]) Vgl. § 232 Satz 1 HGB., § 25 Abs. 1 des Genossenschaftsgesetzes, § 35 Abs. 2 Satz 2 des Gesetzes, betreffend die Gesellschaften mit beschränkter Haftung. Die Vorschrift bezieht sich auf Rechtsakte aller Art, auch auf die Befugniß, die Berufung einer Gläubigerversammlung zu veranlassen (§ 3 Abs. 2, § 4 Abs. 1), dagegen nicht auf die im § 15 Abs. 1 bezeichnete Befugniß. Für den Fall, daß dem Verbande gegenüber eine Erklärung abzugeben ist, muß bei dem Fehlen einer dem § 28 Abs. 2 BGB., § 232 Satz 3 HGB. entsprechenden Vorschrift die Erklärung allen Vertretern gegenüber erfolgen. § 132 Abs. 1 BGB., § 171 Abs. 3 CPO. bieten außerhalb des Prozesses keine Abhülfe.

[10]) Die Vorschrift ist dem § 27 Abs. 2 Satz 1 BGB., § 52 Abs. 1, § 231 Abs. 3 HGB. nachgebildet. Besteht zwischen dem Vertreter und dem Verband ein Auftragsverhältniß, so ergiebt sich das nämliche schon aus § 671 Abs. 1, § 168 BGB. Besteht aber auch ein Vertragsverhältniß, das an sich den Widerruf mit sofortiger Wirkung nicht jederzeit zuläßt, so kann die Abberufung des Vertreters trotzdem ohne Rücksicht darauf jederzeit erfolgen.

[11]) Die Beschränkungen sind für erforderlich erachtet worden, damit nicht der Beschluß, durch welchen eine Versammlung den Vertreter bestellt hat, alsbald von einer anders zusammengesetzten Versammlung in der Weise rückgängig gemacht wird, daß sie den Vertreter mit einfacher Stimmenmehrheit wieder abberuft (Begr. 22).

§. 15.

Ist der Schuldner eine Gesellschaft oder juristische Person,[1]) deren Mitglieder in Versammlungen Beschlüsse fassen, so ist jeder nach Maßgabe dieses Gesetzes bestellte Vertreter der Gläubiger befugt,[2]) den Mitgliederversammlungen beizuwohnen und sich an den Berathungen zu betheiligen.

Soweit nach den Gesetzen Schriftstücke, die sich auf die Verhandlungen in der Mitgliederversammlung[3]) oder auf die Vermögenslage oder den Geschäftsbetrieb der Gesellschaft beziehen, den Gesellschaftern mitzutheilen sind, hat die Mittheilung in gleicher Weise[4]) auch an den Vertreter der Gläubiger zu erfolgen.

[1]) Zum Beispiel: Aktiengesellschaften, Kommanditgesellschaften auf Aktien, Genossenschaften, Gesellschaften mit beschränkter Haftung.

[2]) Jeder Vertreter kraft Gesetzes, d. h. also ohne Rücksicht darauf, ob ihm diese Befugniß eingeräumt ist und ob den Gläubigern diese Befugniß zustehen würde; ein Ausschluß der gesetzlichen Befugniß durch Festsetzungen in den Schuldverschreibungen wäre wirkungslos, § 20. Ferner aber auch jeder einzelne Vertreter; sind mehrere Vertreter bestellt, so kann nicht etwa auf Grund des § 14 Abs. 5 einem allein erschienenen Vertreter der Zutritt versagt werden.

Eine Pflicht, den Vertreter von der Versammlung in Kenntniß zu setzen, besteht selbst dann nicht, wenn die Gesellschaft oder juristische Person ihren Mitgliedern gegenüber dazu verpflichtet sein sollte. Vgl. § 51 Abs. 1 des Gesetzes, betreffend die Gesellschaften mit beschränkter Haftung. Allerdings wird dann aber meist die Vorschrift des Abs. 2 Platz greifen, vgl. Anm. 3.

[3]) Siehe zum Beispiel: § 256 Abs. 1 Satz 2, § 257, § 263 Abs. 2 HGB., § 48 Abs. 2 Satz 2 des Genossenschaftsgesetzes, § 51 Abs. 2, 4 des Gesetzes, betreffend die Gesellschaften mit beschränkter Haftung.

[4]) Das heißt zu derselben Zeit und in derselben Form, auf Kosten des Schuldners oder auf Kosten des Vertreters.

§. 16.

Die Befugnisse und Verpflichtungen eines Vertreters, dessen Bestellung gemäß §. 1189 des Bürgerlichen Gesetzbuchs [1]) oder auf Grund einer bei Ausgabe der Schuldverschreibungen in verbindlicher Weise getroffenen Festsetzung [2]) erfolgt, werden durch die nach diesem Gesetze vorgenommene Bestellung eines Vertreters nicht berührt. [3])

Die Rechte, welche nach den Vorschriften des §. 3 und des §. 7 Abs. 3 einem von der Gläubigerversammlung bestellten Vertreter hinsichtlich der Berufung der Versammlung und der Ankündigung von Gegenständen zur Beschlußfassung zustehen, können auch von einem Vertreter der im Abs. 1 bezeichneten Art geltend gemacht werden.[4])

[5])Auf Antrag von Gläubigern, deren Schuldverschreibungen zusammen den fünften Theil des Gesammtbetrags der im Umlaufe befindlichen Schuldverschreibungen[6]) erreichen, kann das Gericht, wenn ein wichtiger Grund vorliegt,[7]) den Vertreter abberufen.[8]) Zuständig ist das im §. 4 bezeichnete Amtsgericht.[9]) Vor der Verfügung, durch welche über den Antrag entschieden wird sind soweit thunlich[10]) der Vertreter[11]) und der Schuldner zu hören. Gegen die Verfügung findet die sofortige Beschwerde statt.[12])

[1]) Nach § 1189 BGB. kann bei einer Hypothek für Schuldverschreibungen, die auf den Inhaber lauten oder durch Indossament übertragbar sind, für die jeweiligen Gläubiger ein Vertreter bestellt werden, der befugt ist, mit Wirkung für und gegen alle Gläubiger bestimmte Verfügungen über die Hypothek zu treffen und die Gläubiger bei der Geltendmachung der Hypothek zu vertreten (Grundbuchvertreter). Zur Bestellung des Vertreters ist die Eintragung in das Grundbuch erforderlich. Ist der Eigenthümer berechtigt, von den Gläubigern eine Verfügung zu verlangen, zu welcher der Vertreter befugt ist, so kann er die Vornahme der Verfügung von dem Ver-

treter verlangen. Vgl. im Einzelnen §§ 1187, 1188 BGB., §§ 44, 51 GBO. Wegen der Anwendbarkeit des § 1189 BGB. auf Inhaber-Grund- und Rentenschulden vgl. §§ 1195, 1199 BGB., § 43 GBO. und auf den Fall, daß für die Forderung aus Inhaberschuldverschreibungen und indossablen Papieren ein Schiffspfandrecht eingeräumt ist, vgl. § 1270 BGB., § 112 Abs. 2, § 117 GFrG. Auf alle diese Anwendungsfälle des § 1189 BGB. bezieht sich der Grundsatz des § 16 Abs. 1.

2) Durch die Aufnahme der im Entwurfe fehlenden Worte „oder auf Grund — Festsetzung" hat die Reichstagskommission gegenüber der Vorschrift des § 20 klarstellen wollen, daß auch nach dem Inkrafttreten des Gesetzes außer dem Falle des § 1189 BGB. die Bestellung eines gemeinsamen Vertreters mittelst vertragsmäßiger Festsetzung bei Ausgabe der Schuldverschreibungen (Vertragsvertreter) ebenso, wie bisher, zulässig sein soll (KB. 6), vgl. Anm. 1a zu § 20. Es kann sich sowohl um eine Vertretung der Gläubiger in Bezug auf dingliche wie auf obligatorische Berechtigungen handeln. Eine Vertretung in Bezug auf die dinglichen Berechtigungen, die nicht nach § 1189 BGB. erfolgt, wird namentlich in Frage kommen, wenn den Gläubigern mit anderen Werthen als Grundstücken (z. B. Inhaberpapieren oder einer Bahneinheit) oder mit ausländischen Grundstücken Sicherheit bestellt wird, oder, wenn, weil das Grundbuch noch nicht als angelegt anzusehen ist, § 1189 BGB. nicht Anwendung finden kann, Artikel 189 E. z. BGB., vgl. Anm. 1b zu § 17 S. 109.

Was die obligatorischen Berechtigungen anlangt, so kann es insbesondere zweckmäßig sein, dadurch, daß ein nach § 1189 BGB. bestellter Vertreter gleichzeitig für die obligatorischen Berechtigungen zum Vertragsvertreter bestellt wird, die Vereinigung der Vertretung nach beiden Richtungen in einer Hand auf die Dauer sicherzustellen.

[3]) Die Bestellung eines Grundbuch- oder Vertragsvertreters bildet einen wesentlichen Bestandtheil des ganzen Rechtsverhältnisses, auf dessen unveränderten Fortbestand auch der Schuldner ein vertragsmäßiges Recht hat. Die Berechtigung des einzelnen Gläubigers, in Bezug auf welche der Grundbuch- oder Vertragsvertreter bestellt ist, ist insoweit beschränkt, als die Gläubiger die Vertretung gelten lassen müssen, ohne durch einseitige Handlungen hieran etwas ändern zu können, und es ist nur eine spezielle Folge dieser Rechtslage, die der § 16 Abs. 1 ausspricht.

Damit ist aber nicht gesagt, daß die Bestellung eines Vertreters durch die Gläubigerversammlung auf die Stellung des Grundbuchvertreters oder des Vertragsvertreters thatsächlich keinen Einfluß haben kann. Im Gegentheil weist Begr. 24 darauf hin, daß es schon an sich von erheblicher Bedeutung ist, wenn die Gläubigerversammlung jetzt den genannten Vertretern an die Seite tritt, um für eine geeignete Ueberwachung ihrer Thätigkeit zu sorgen und sie gegebenenfalls zu ordnungsmäßiger Erfüllung ihrer Pflichten anzuhalten. Zu diesen Zwecken wird in der Regel ein Vertreter von der Gläubigerversammlung bestellt werden und es steht nichts im Wege diesem die Befugniß zu geben, nöthigenfalls im Prozeßwege gegen den Grundbuch- oder Vertragsvertreter vorzugehen (Riesser S. 62). Weiter hat die Gläubigerversammlung die Befugniß, mit der Geltendmachung der Rechte, für welche der Grundbuch- oder Vertragsvertreter bestellt ist, auch ihrerseits einen Vertreter zu betrauen (a. M. Riesser S. 65). Eine Beschränkung dieser Befugniß ist unzulässig, vgl. Anm. 1a zu § 20. Die Befugniß des Grundbuch- oder Vertragsvertreters wird zwar hierdurch nicht berührt; er kann aber in der Ausübung thatsächlich durch das Zuvorkommen des anderen Vertreters beschränkt werden.

[4]) Da die im Abs. 1 bezeichneten Vertreter befugt

sind, von dem Schuldner die Berufung einer Gläubigerversammlung oder die Ankündigung von Gegenständen zur Beschlußfassung in einer solchen Versammlung zu verlangen, so folgt, auch ohne daß dies im Gesetze besonders vermerkt ist, daß ihnen, falls dem Verlangen keine Folge gegeben wird, die Befugniß zusteht, die gerichtliche Ermächtigung gemäß § 4 zu beantragen. Dagegen findet die Vorschrift des § 4 Abs. 4 Satz 1 auf diese Vertreter keine Anwendung. Vgl. auch Anm. 7 zu § 18.

[5]) Die Abberufung eines Grundbuch- oder Vertragsvertreters würde, abgesehen von dem freiwilligen Rücktritte des Vertreters, an und für sich stets ein Zusammenwirken von Schuldner und Gläubigern erfordern (vgl. Böhm, Reichsgrundbuchrecht S. 292), das gegebenenfalls im Klageweg erzwungen werden könnte. § 16 Abs. 3 kommt einem praktischen Bedürfniß entgegen, indem er in Ergänzung des BGB. die Abberufung auf einseitiges Vorgehen der Gläubiger ermöglicht, vgl. § 147 HGB. Wie man aus der Stellung der Vorschrift folgern muß, kann dieses Verfahren nur Platz greifen, wenn es sich um Schuldverschreibungen handelt, auf die das Gesetz nach § 1 Abs. 1 Anwendung findet. Ist der Vertreter für verschiedene von demselben Aussteller ausgegebene Gattungen von Schuldverschreibungen bestellt, so muß das Verfahren für jede Gattung gesondert stattfinden. Das Verfahren ist auch noch zulässig, wenn die im § 2 vorgeschriebene Bekanntmachung bereits erfolgt ist, da diese Bekanntmachung nur zur Folge hat, daß Versammlungen nicht mehr abgehalten werden können und das Amt eines von der Gläubigerversammlung bestellten Vertreters erlischt. Ist das Verfahren gemäß § 16 Abs. 3 zulässig, so ist der ordentliche Rechtsweg ausgeschlossen (vgl. Denkschrift zum Entwurf eines HGB. zu § 145). Dann muß aber folgerichtig auch die Zulässigkeit einer einstweiligen Verfügung gemäß § 940 CPO. verneint werden. Daß in dem nach § 16 Absatz 3 Platz greifenden

Verfahren der freiwilligen Gerichtsbarkeit durch die Anhörung des Schuldners und des Vertreters schädliche Verzögerungen eintreten können, ist richtig, reicht aber nicht aus, um die Anwendbarkeit eines der streitigen Gerichtsbarkeit angehörigen Verfahrens zu rechtfertigen, a. M. Makower, Kommentar zum BGB. Anm. IIIa zu § 146, Staub Anm. 8 zu § 146, Merzbacher Anm. 6 S. 78.

6) Vgl. Anm. 1 zu § 2 Seite 39. Für die Prüfung, ob dieser Betrag erreicht ist, stehen dem Gerichte sichere Grundlagen nicht zur Verfügung. Bestehen Zweifel, so ist von dem nach Satz 3 zu hörenden Schuldner Auskunft zu erfordern, zu deren Ertheilung dieser allerdings nicht verpflichtet ist. Vgl. Anm. 3 zu § 3.

7) Begr. 24 erwähnt, daß der Vertreter sich einer groben Verletzung seiner Pflichten gegenüber den Gläubigern schuldig macht oder zur Erfüllung seiner Pflichten unfähig geworden ist. Vergleiche § 27 Abs. 2 Satz 2, § 2227 BGB., §§ 133, 147 HGB.

8) Es ist dies eine Angelegenheit der freiwilligen Gerichtsbarkeit, die durch Reichsgesetz den Gerichten übertragen ist und auf welche somit die Vorschriften des 1. und 11. Abschnitts GFrG. Anwendung finden. Handelt es sich um einen Grundbuchvertreter, so ist seine Löschung im Grundbuch erforderlich, vergleiche Biermann, Sachenrecht Anmerkung 5 zu § 1189 BGB. Diese zu bewirken ist das Gericht mangels einer dem § 941 CPO. entsprechenden Vorschrift nicht befugt, ebensowenig wie es den Vertreter anhalten kann, seine Löschung zu beantragen. Dagegen ist gemäß § 22 Abs. 1 GBO. jeder Gläubiger und auch der Schuldner befugt, unter Vorlegung einer Ausfertigung der die Abberufung aussprechenden Verfügung die nach dem Aufhören der Vertretungsmacht des Vertreters erforderliche Berichtigung des Grundbuchs zu verlangen. Der Vorlegung der Schuldverschreibungen bedarf es gemäß § 44 Abs. 2 GBO. nicht.

Begr. 25 bemerkt: „Ist der Vertreter abberufen oder aus einem anderen Grunde weggefallen, so kann die Bestellung eines neuen Vertreters nur durch die Gläubigerversammlung nach Maßgabe des Entwurfs erfolgen." Hiermit ist selbstverständlich nicht gemeint, daß die Versammlung befugt wäre, durch einseitige Handlung eine Person zu bestimmen, die in die Stelle des Grundbuch- oder Vertragsvertreters träte. Vielmehr kann es sich nur um die Bestellung eines Vertreters gemäß § 14 handeln, der, insoweit es die gesetzlichen Beschränkungen gestatten (vgl. namentlich § 14 Abs. 3), einen Ersatz für den weggefallenen Vertreter bieten könnte. Siehe auch § 17 Abs. 2 Satz 2. Die Bestellung eines neuen Grundbuch- oder Vertragsvertreters würde eine vertragsmäßige Einigung zwischen Schuldner und Gläubigern erfordern, für die aber stets die Hülfsmittel dieses Gesetzes versagen werden.

9) Vgl. Anm. 3 zu § 4.

10) Vgl. Anm. 8 zu § 4.

11) d. h. der abzuberufende Vertreter.

12) Vergleiche §§ 19—30, 199 GFrG. Berechtigt zur Beschwerde gegen die Verfügung auf Abberufung ist stets der Schuldner, aber auch die Gläubiger, welche den Antrag nicht gestellt haben, der Vertreter selbst nur, wenn ihm ein Recht auf die Vertretung zusteht, § 20 Abs. 1 GFrG. Ist der Antrag zurückgewiesen, so sind nur die Antragsteller zur Beschwerde berechtigt, § 20 Abs. 2 GFrG.

§. 17.

Die Vorschriften des §. 16 finden auch auf einen Vertreter Anwendung, der für die Besitzer von Schuldverschreibungen vor dem Inkrafttreten des Bürgerlichen Gesetzbuchs in Gemäßheit des bisherigen Rechtes bestellt worden ist oder nach dem Inkrafttreten des Bürgerlichen Gesetzbuchs bis zu dem Zeitpunkt, in welchem das Grundbuch als angelegt anzusehen ist, in Gemäßheit des Landesrechts durch Eintragung in das Hypothekenbuch oder ein ähnliches Buch bestellt wird.[1])

Ein solcher Vertreter steht im Sinne des §. 44 Abs. 2 der Grundbuchordnung einem nach §. 1189 des Bürgerlichen Gesetzbuchs bestellten Vertreter gleich.[2]) Dasselbe gilt in Ansehung eines durch die Gläubigerversammlung bestellten Vertreters.[3])

[1]) a Es kommen in Betracht das bayerische Gesetz, betreffend einige Bestimmungen über die Inhaberpapiere, vom 18. März 1896, das bei Hypotheken für Schuldverschreibungen auf den Inhaber die Bestellung eines Vertreters der Gläubiger ermöglicht, und das braunschweigische Gesetz, betreffend die Hypotheken für die auf den Inhaber lautenden Schuldverschreibungen und Verpflichtungsscheine, vom 30. März 1881, nach welchem für die in Bezug auf ein bestimmtes Kreditgeschäft ausgestellten Inhaberschuldverschreibungen mit Ermächtigung der Landesregierung für die Gesammtheit der Gläubiger eine Hypothek bestellt und auf den Namen von Syndiken als Vertreter dieser Gesammtheit eingetragen werden kann. Diese Gesetze sind am 1. Januar 1900 außer Kraft getreten, mit Ausnahme jedoch derjenigen Gebiete ihres ursprünglichen Geltungsbereichs, für welche das Grundbuch noch nicht als angelegt anzusehen ist; für diese behalten sie gemäß Artikel 189 Abs. 1 E. z. BGB. so lange Geltung, bis das Grundbuch als angelegt anzusehen ist, und so lange kann auch die Bestellung von Vertretern nach ihren Vorschriften erfolgen, während

§ 1189 BGB. noch nicht zur Anwendung kommt. Dieser Ausnahme trägt § 17 Abs. 1 Rechnung, indem er seine Bestimmungen, betreffend die vor dem 1. Januar 1900 in Gemäßheit des bisherigen Rechtes ernannten Vertreter, auch auf diejenigen Vertreter ausdehnt, welche zwar nach dem 1. Januar 1900 aber vor dem Zeitpunkt, in welchem das Grundbuch als angelegt anzusehen ist, in Gemäßheit des Landesrechts durch Eintragung in ein Hypothekenbuch oder ein ähnliches Buch bestellt werden. Es kommt noch weiter in Betracht, daß in einzelnen Bundesstaaten (s. Artikel 227 des hess. Ges., die Ausführung des BGB. betr., vom 17. Juli 1899 für die Provinz Rheinhessen, § 100 des Ges. betr. Ausf. des BGB. in Elsaß-Lothringen, vom 17. April 1899) für die Uebergangszeit bis das Grundbuch angelegt ist, Bestimmungen getroffen sind, welche in ähnlicher Weise wie der während der Uebergangszeit noch nicht anwendbare § 1189 BGB. die Bestellung eines Vertreters vorsehen. Auf einen nach solchen Uebergangsvorschriften bestellten Vertreter erstrecken sich die Bestimmungen des § 17 gleichfalls.

b Wo es an besonderen gesetzlichen Vorschriften fehlte, ist in der Regel der Weg gewählt worden, eine Kautionshypothek auf den Namen des die Anleihe vermittelnden Bankhauses als des ersten Gläubigers und Inhabers der Schuldverschreibungen eintragen zu lassen und in den mit dem Bankhause vereinbarten Anleihebedingungen zu bestimmen, daß mit der Uebertragung jeder Schuldverschreibung ein entsprechender Antheil an der Hypothek auf den Erwerber übergehen, die Vertretung sämmtlicher Schuldverschreibungsbesitzer aber in Ansehung der Geltendmachung der Rechte aus der Hypothek wie in Ansehung von Verfügungen über diese dem als Hypothekengläubiger eingetragenen Bankhause zustehen soll. Auf die in solcher oder ähnlicher Weise bestellten Vertreter findet § 17 nur Anwendung, wenn sie vor dem 1. Januar 1900 bestellt sind, gleichgültig, ob das Grundbuch an diesem Tage schon angelegt war oder nicht. Denn die Bestellung des Vertreters erfolgt nicht durch Eintragung in das Hypothekenbuch, sondern mittelst der vertragsmäßigen Abrede, daß der erste Erwerber der Hypothek seine Rechtsnachfolger vertreten soll.

Allerdings bleibt nach der jetzigen Fassung des § 16 auch nach dem 1. Januar 1900 die Bestellung eines Vertreters in der eben bezeichneten Weise zulässig, sofern das Grundbuchrecht es gestattet. Vgl. Anm. 2 zu § 16. Die Unterscheidung zwischen dem vor dem 1. Januar 1900 und dem nach diesem Zeitpunkte in dieser Weise bestellten Vertreter ist aber von Bedeutung, weil nur auf den ersteren die Vorschrift des § 17 Abs. 2 Satz 1 Anwendung finden kann.

c Nach den unter a erwähnten Gesetzen hat die Bestellung des Vertreters die Bedeutung eines für alle Betheiligten verbindlichen Rechtsverhältnisses und auch die Wirksamkeit der vor dem 1. Januar 1900 in der unter b bezeichneten Weise begründeten Rechtsverhältnisse ist durch das Inkrafttreten des BGB. nicht berührt. Ebensowenig greift das vorliegende Gesetz, wie die Bezugnahme auf § 16 Abs. 1 klarstellt, in diese Rechtsverhältnisse ein, mit Ausnahme dessen, daß es die Abberufung der Vertreter nach Maßgabe des § 16 Abs. 3 für statthaft erklärt, dagegen aber ihnen die neue Befugniß giebt, die Berufung einer nach Maßgabe dieses Gesetzes abzuhaltenden Versammlung sowie die Ankündigung von Gegenständen zur Beschlußfassung in einer solchen Versammlung zu verlangen, und nöthigenfalls die gerichtliche Ermächtigung dazu zu extrahiren, § 16 Abs. 2, vgl. auch Anm. 7 zu § 18.

2) Nach § 44 Abs. 1 GBO. sollen bei einer Hypothek für die Forderung aus indossablen oder auf den Inhaber lautenden Schuldverschreibungen spätere Eintragungen nur erfolgen, wenn die sämmtlichen Schuldverschreibungen vorgelegt werden; die Eintragung ist auf den Schuld-

verschreibungen zu vermerken. Nach § 44 Abs. 2 findet aber diese Vorschrift keine Anwendung, wenn eine Eintragung auf Grund der Bewilligung eines nach § 1189 BGB. bestellten Vertreters oder auf Grund einer gegen diesen erlassenen gerichtlichen Entscheidung bewirkt werden soll. Ist für die Besitzer von Schuldverschreibungen, auf welche dieses Gesetz gemäß § 1 Abs. 1 Anwendung findet, nur ein Vertreter der in Abs. 1 bezeichneten Art bestellt, so würde nach Anlegung des Grundbuchs gemäß § 44 Abs. 1 GBO. für eine Eintragung bei der Hypothek die Vorlegung sämmtlicher Schuldverschreibungen erforderlch, also die Bewirkung einer Eintragung nahezu ausgeschlossen sein. Diesem Uebelstande hilft § 17 Abs. 2 Satz 1 ab.

[3]) Indem § 17 Abs. 2 Satz 2 auch den von der Gläubigerversammlung gemäß § 14 bestellten Vertreter, sofern er (innerhalb der durch das Gesetz gezogenen Schranken) zu bestimmten Verfügungen über die Hypothek oder zu deren gerichtlichen Geltendmachung ermächtigt ist, im Sinne des § 44 Abs. 2 GBO. dem Grundbuchvertreter (§ 1189 BGB.) gleichstellt, hilft es namentlich dem Uebelstande ab, daß wenn ein bestellter Grundbuchvertreter weggefallen oder die Bestellung eines solchen ganz unterblieben ist, § 44 Abs. 1 GBO. (s. Anm. 2) Platz greifen müßte. Auch für den Fall ist die Vorschrift von Bedeutung, daß nach dem 1. Januar 1900 aber vor dem Zeitpunkt, in welchem das Grundbuch als angelegt anzusehen ist, wegen der Unanwendbarkeit des § 1189 BGB. ein Vertragsvertreter bestellt wird (vgl. Anm. 2 zu 16). Da auf diesen die Vorschrift des § 17 Abs. 2 Satz 1 keine Anwendung findet (vgl. Anm. 1b zu § 17), so kann die Gläubigerversammlung, indem sie den Vertragsvertreter gemäß § 14 ihrerseits ermächtigt oder eine andere Person bestellt, die aus § 44 Abs. 1 GBO. anderenfalls folgenden Schwierigkeiten umgehen.

Konkurs des Schuldners.

Die Organisation der Besitzer von Schuldverschreibungen bleibt auch im Konkurse des Schuldners bestehen. Sie wird hier namentlich dann von Vortheil sein, wenn für die Schuldverschreibungen eine besondere Sicherheit bestellt oder, wie nach § 35 des Hypothekenbankgesetzes, ein Recht auf vorzugsweise Befriedigung aus gewissen Bestandtheilen der Konkursmasse begründet ist (vgl. auch § 43 des Hypothekenbankgesetzes), und nunmehr die Befriedigung aus den gemeinsamen Pfändern oder sonstigen Sicherheiten zu betreiben ist oder wenn mit Rücksicht auf die Unzulänglichkeit der den Schuldverschreibungsbesitzern haftenden oder ihrem Vorzugsrecht unterliegenden Gegenständen für einen entsprechenden Theil des Betrags der Forderungen auf die abgesonderte oder vorzugsweise Befriedigung verzichtet werden soll, um den Berechtigten insoweit Antheil an der übrigen Masse zu verschaffen (vgl. §§ 64, 153, 155 KO., § 35 Abs. 2 des Hypothekenbankgesetzes); endlich wenn die Mitwirkung bei einem allgemeinen Zwangsvergleich in Frage steht, der für den nicht gedeckten Theil der Forderungen aus den Schuldverschreibungen besondere Bedingungen (§ 181 KO.) festsetzt. Die Bestellung eines gemeinsamen Vertreters, der die sämmtlichen Forderungen aus den Schuldverschreibungen im Konkurse geltend zu machen hat, wird auch um deswillen räthlich sein, weil für die Anmeldung durch den Vertreter besondere Erleichterungen gewährt sind (s. § 19 Satz 1 u. Anm. 1 dazu) und eine Betheiligung der einzelnen Schuldverschreibungsbesitzer an dem Verfahren regelmäßig Schwierigkeiten und Weiterungen mit sich bringen müßte (Begr. 26).

Soweit es die durch das Konkursverfahren veränderte Sachlage erheischt, sind durch § 18 einige Aenderungen der in §§ 3—13 enthaltenen Vorschriften über die Berufung und Abhaltung sowie die Beschlüsse der Versammlung der Schuldverschreibungsbesitzer vorgesehen;

§ 19 betrifft die Anmeldung der Forderungen und die Erhebung der auf diese entfallenden Beträge durch den gemäß § 14 bestellten Vertreter. Im Uebrigen greifen die allgemeinen Vorschriften des Gesetzes Platz. Auch im Konkursverfahren liegt die Wahrung der gemeinsamen Interessen ausschließlich in der Hand der Versammlung. Insbesondere ist die Entscheidung darüber, ob die Wahl eines gemeinsamen Vertreters oder sonst ein gemeinsames Vorgehen angezeigt ist, nach wie vor dem Ermessen der Versammlung überlassen. Die Ansicht Merzbachers Seite 90, daß die Bestellung eines gemeinsamen Vertreters im Konkurs obligatorisch sei, findet im Gesetze keinen Anhalt (s. auch Riesser S. 87 Anm. 2). Es bleibt auch dabei, daß die Beschlüsse der Versammlung zu ihrer Wirksamkeit einer gerichtlichen Bestätigung nicht bedürfen. Selbstverständlich ist aber das Konkursgericht verpflichtet, das ordnungsmäßige Zustandekommen eines Beschlusses nachzuprüfen, insofern die Wirksamkeit des Beschlusses bei dem Konkursverfahren in Frage kommt. Das gilt namentlich bezüglich des Beschlusses, der die Betheiligung der Schuldverschreibungsbesitzer an einem allgemeinen Zwangsvergleiche zum Gegenstande hat (§ 184 KO.), oder bezüglich des Beschlusses der einen Vertreter zur Geltendmachung der Rechte der Schuldverschreibungsbesitzer im Konkursverfahren ermächtigt.

Wird für das Konkursverfahren ein gemeinsamer Vertreter der Schuldverschreibungsbesitzer bestellt, so finden auf ihn die allgemeinen Vorschriften des § 14 mit den aus § 18 Abs. 6 und § 19 sich ergebenden Aenderungen Anwendung.

Ist dem Vertreter allgemein die Geltendmachung der Rechte der Schuldverschreibungsbesitzer im Konkurs übertragen, so ist er jedenfalls ermächtigt, die Forderungen aus den Schuldverschreibungen anzumelden (§ 19) und die Schuldverschreibungsbesitzer bei der Ausübung des Stimmrechts in der allgemeinen Gläubigerversammlung zu vertreten. Kommt es hierbei auf die Personenzahl der von ihm vertretenen Schuldverschreibungsbesitzer an (vgl. § 94 Abs. 3, § 182 Nr. 1 KO.), die zumeist nicht festzustellen sein wird (vgl. Anm. 1 zu § 19), so muß wie Begr. 28 bemerkt, das Ermessen des Gerichts entscheiden, wie dies unter ähnlichen Umständen schon nach §§ 95, 96 KO. zu geschehen hat. Auch muß der Vertreter für befugt erachtet werden, Widerspruch gegen Forderungen zu erheben (§ 144 Abs. 1 KO.) und die Feststellung der Forderungen der Schuldverschreibungsbesitzer gegen die Bestreitenden zu betreiben (§ 146 KO.), vergleiche Seuffert, Zeitschrift für Deutsch. Civilprozeß Bd. 27 Seite 120. Zu seinen Befugnissen ist schließlich auch der Antrag auf Berufung der allgemeinen Gläubigerversammlung (§ 93 Abs. 1 KO.) zu rechnen. Gewöhnlich wird ohne Weiteres angenommen werden dürfen, daß der Vertreter mindestens fünf Schuldverschreibungsbesitzer vertritt; anderenfalls könnte auch hier schließlich nur das Ermessen des Gerichts entscheiden (a. M. Merzbacher S. 93, der im Zweifelsfalle eine genaue Feststellung erfordert).

Auf Grund der allgemeinen Ermächtigung zur Geltendmachung der Rechte der Schuldverschreibungsbesitzer im Konkurs ist der Vertreter zur Abstimmung über einen Zwangsvergleich nicht befugt, gleichgiltig, ob er dagegen oder dafür stimmen will (a. M. Seuffert a. a. O. S. 121). Allerdings kann er zur Ablehnung eines Vergleichsvorschlags von vorn herein ermächtigt werden, während die Zustimmung einen besonderen im Hinblick auf den gemachten Vorschlag mit den im § 11 Abs. 2, 3 vorgeschriebenen Majoritäten gefaßten Beschluß erfordert. Der Vertreter kann für sämmtliche Forderungen nur in demselben Sinne stimmen, siehe Anmerkung 1 zu § 14 Seite 88. Für die Zustimmung zur Einstellung des Verfahrens (§ 202 KO.) reicht die allgemeine Ermächtigung gleichfalls nicht aus; da indessen in der Zustimmung ein Verzicht auf

Rechte der Gläubiger im Sinne des § 11 Abs. 1 nicht zu finden ist, so wird ein Beschluß gemäß § 14 Abs. 3 nicht zu erfordern sein.

Mangels einer abweichenden Vorschrift haftet der Schuldner auch während des Konkurses für die Kosten eines Rechtsstreits, den der Verband durch seinen gewählten Vertreter führt, gemäß § 14 Abs. 4 Satz 2 (a. M. Merzbacher S. 92). Wird der Prozeß zwischen dem Konkursverwalter und dem Verbande geführt, so können diese Kosten gemäß § 59 Nr. 1 KO. von der Staatskasse als Masseschulden geltend gemacht werden und die obsiegende Konkursmasse ist den Schuldverschreibungsbesitzern gegenüber zur Aufrechnung befugt. Ist der Rechtsstreit mit einem Dritten geführt worden, so können die dem Verbande zur Last fallenden Kosten gemäß § 3 Abs. 1 KO. nicht aus der Konkursmasse verlangt werden. Es liegt aber kein Grund vor, den Erstattungsberechtigten den Zugriff auf die den Schuldverschreibungsbesitzern aus der Masse geschuldeten Beträge zu verwehren, da die im Interesse der Erstattungsberechtigten gegebene Vorschrift des § 14 Abs. 4 Satz 2 nicht zu deren Nachtheil ausgelegt werden darf.

§. 18.

Ist über das Vermögen des Schuldners der Konkurs eröffnet, so gelten in Ansehung der Versammlung der im §. 1 bezeichneten Gläubiger die folgenden besonderen Vorschriften.[1])

[2]) Die Versammlung wird von dem Konkursgerichte berufen[3]) und geleitet.[4])

Unverzüglich nach der Eröffnung des Konkurses ist eine Versammlung der Gläubiger zu berufen, um über die Bestellung eines gemeinsamen Vertreters im Konkursverfahren zu beschließen;[5]) die Berufung kann unterbleiben, wenn schon vorher von einer Versammlung über die Bestellung eines solchen Vertreters Beschluß gefaßt worden ist.[6])

Das Konkursgericht hat außer den Fällen des §. 3 Abs. 2[7]) eine Versammlung der Gläubiger zu berufen, wenn dies von dem Konkursverwalter, dem Ausschusse der Konkursgläubiger oder der Aufsichtsbehörde[8]) verlangt wird.[9])

Die Stelle, bei welcher die Gläubiger die Schuldverschreibungen zu hinterlegen haben, wird durch das Konkursgericht bestimmt.[10])

Die Vorschriften des §. 5 Abs. 1, 2,[11]) des §. 11 Abs. 1, des §. 12 Abs. 3 und des §. 13[12]) finden keine Anwendung.

[1]) Abs. 2 tritt an die Stelle des § 3 Abs. 1; Abs. 3, 4 enthalten Aenderungen und Erweiterungen des § 3 Abs. 2; Abs. 5 modifizirt den § 10 Abs. 2 in einer Beziehung. Außer den im Abs. 6 bezeichneten Vorschriften tritt von den §§ 3 bis 13 noch § 4 außer Kraft, da das dort geregelte Verfahren nach den Aenderungen des § 3 Abs. 2 im Konkurse nicht in Frage kommt, siehe unten Anm. 7. Die Vorschrift des § 3 Abs. 3, daß die Kosten der Berufung und Abhaltung einer Versammlung der Schuldverschreibungsbesitzer den Schuldner treffen, ist für den Konkurs nicht geändert. Nur in betreff der Kosten einer Versammlung der Pfandbriefgläubiger im Konkurse der Hypothekenbank enthält § 35 Abs. 4 des Hypothekenbankgesetzes eine Vorschrift, die mit der besonderen Ge-

staltung der Rechte der Pfandbriefgläubiger zusammenhängt, übrigens an sich den Grundsatz des § 3 Abs. 3 des vorliegenden Gesetzes nicht aufhebt. Für alle anderen Fälle ergiebt sich aus § 3 Abs. 3 die Schwierigkeit, daß, da Berufung und Abhaltung nicht durch den Konkursverwalter, sondern durch das Konkursgericht erfolgen, die entstehenden Gebühren und Auslagen nach § 3 Abs. 1 KO. der Staatskasse aus der Masse nur erstattet werden können, sofern sie als Massekosten (§ 58 Nr. 1 KO.) anzusehen wären. Wenn die Einberufung der Versammlung auf Verlangen des Verwalters erfolgt (§ 18 Abs. 3), könnten sie freilich auch als Masseschulden (§ 59 Nr. 1 KO.) aufgefaßt werden. Für einen Erstattungsanspruch gegen die Schuldverschreibungsbesitzer fehlt jeder Anhalt. Die Auffassung als Massekosten ist allerdings sehr bedenklich, zumal dann, wenn die Schuldverschreibungsbesitzer als Absonderungsberechtigte ihre Forderungen zur Konkursmasse nicht geltend machen; indessen wird man zu dieser Annahme greifen müssen, um das Ergebniß zu vermeiden, daß die Berufung und Abhaltung der Versammlung während des Konkurses zumeist auf Staatskosten stattfinden müßte.

[2]) Die Angelegenheiten, welche im Abs. 2 dem Konkursgerichte (§ 71 KO.) übertragen werden, sind ihm nicht als Angelegenheiten der streitigen Gerichtsbarkeit übertragen. Die Versammlung der Schuldverschreibungsbesitzer erhält nach der Konkurseröffnung nicht die Eigenschaft einer Unterabtheilung der allgemeinen Gläubigerversammlung, auf welche §§ 93 bis 100 KO. Anwendung zu finden hätten. Auch wenn die Schuldverschreibungsbesitzer mit Rücksicht auf ein ihnen zustehendes Recht auf abgesonderte Befriedigung sich an dem Konkursverfahren nicht betheiligen, kommt dem Konkursgerichte die Berufung und Leitung ihrer Versammlungen zu. Vielmehr handelt es sich um eine Angelegenheit der freiwilligen Gerichtsbarkeit, welche gemäß § 1 GFrG. durch Reichsgesetz den

Gerichten übertragen ist, wobei nur die Zuständigkeit des Gerichts durch einen Akt der streitigen Gerichtsbarkeit begründet und bestimmt wird. Soweit in dem vorliegenden Gesetze nichts Anderes vorgeschrieben ist, greifen die Vorschriften des 1. und 11. Abschnittes des GFrG. und nicht die Vorschriften der KO. Platz. Die Verfügungen, welche das Konkursgericht als das zur Berufung und Leitung der Versammlung der Schuldverschreibungsbesitzer berufene Gericht trifft, ergehen nicht im Konkursverfahren und sind daher nicht nach § 73 Abs. 2 KO., sondern nach §§ 19ff. GFrG. mit der Beschwerde anzufechten. Entscheidet dagegen das Konkursgericht über die Wirksamkeit eines Beschlusses der Versammlung für das Konkursverfahren (z. B. wenn es sich um die Befugniß des Vertreters der Schuldverschreibungsbesitzer zur Anmeldung der Forderungen oder zur Zustimmung zu einem Zwangsvergleiche handelt), so ergeht die Entscheidung im Konkursverfahren und gegen sie findet nach § 73 Abs. 3 KO. die sofortige Beschwerde statt.

3) Zur Berufung der Versammlung, welche nach Maßgabe dieses Gesetzes abgehalten wird, ist nach der Konkurseröffnung ausschließlich das Konkursgericht (§ 71 KO.) zuständig, also nicht mehr der Schuldner (beziehungsweise der Konkursverwalter) oder die Aufsichtsbehörde (§ 18 Abs. 6). Zur Berufung der Versammlung ist das Konkursgericht außer dem Falle des Abs. 3 nur auf einen nach Abs. 4 gestellten Antrag befugt. Es ist auch nicht ermächtigt, auf die Tagesordnung einer Versammlung ohne Antrag Gegenstände zur Beschlußfassung zu setzen. Für die Art der Berufung und die Ankündigung der Tagesordnung bleiben § 6 Abs. 1, 2, § 7 maßgebend; jedoch ist noch die Vorschrift des § 18 Abs. 5 zu beachten, siehe Anm. 10. Die im § 7 Abs. 1 bezeichneten Abschriften sind von dem Konkursgerichte zu ertheilen. Wegen der Kosten siehe Anm. 1.

4) Für die Abhaltung der Versammlung gilt im Kon-

kurse nur das Besondere, daß dem Konkursgerichte die Leitung der Versammlung übertragen ist; das Recht der Versammlung, über den Vorsitz selbst Bestimmung zu treffen, ist also aufgehoben. Dem Richter steht aber nur die Sorge für eine ordnungsmäßige Abhaltung der Versammlung zu, wie sie sonst dem Vorsitzenden obliegt. Im Uebrigen finden die §§ 8 bis 10 mit der aus § 18 Abs. 5 sich ergebenden Aenderung des § 10 Abs. 2 (vgl. Anm. 10) Anwendung. Das nach § 9 zu führende Protokoll ist von dem Konkursgerichte zu führen. Handelt es sich um den Verzicht auf Gläubigerrechte, so finden nur § 11 Abs. 2 bis 4 und § 12 Abs. 1, 2 Anwendung, vgl. § 18 Abs. 6. Die im § 11 Abs. 4 und im § 12 Abs. 2 dem Schuldner auferlegten Verpflichtungen hat der Konkursverwalter zu erfüllen. Ueber die Frage der Kosten siehe Anm. 1.

[5]) Abs. 3 bezeichnet den einzigen Fall, in dem das Gericht von Amtswegen die Versammlung einzuberufen hat; andere Gegenstände auf die Tagesordnung zu setzen, als die Vertreterwahl, ist das Gericht nicht befugt, es sei denn, daß ein Antrag von einer der im Abs. 4 bezeichneten Stellen vorliegt.

Mit Rücksicht darauf, daß das Vorhandensein eines Vertreters im Konkursverfahren besonders angezeigt ist, sollen die Schuldverschreibungsbesitzer veranlaßt werden, sich zu erklären, ob sie einen Vertreter wünschen oder nicht. Eine Pflicht zur Bestellung eines Vertreters folgt aus der Vorschrift nicht.

Da es wünschenswerth ist, daß, falls die Bestellung eines Vertreters erfolgt, die Anmeldung der Forderungen aus den Schuldverschreibungen nur durch ihn bewirkt wird (§ 19 Satz 1) und nicht vor seiner Bestellung schon einzelne Schuldverschreibungsbesitzer ihre Forderungen anmelden, so empfiehlt es sich, die Einberufung der Versammlung so schnell wie möglich zu bewirken und die Anmeldungsfrist (§ 138 KO.) entsprechend festzusetzen.

[6]) Hatte die vorhergegangene Beschlußfassung das Ergebniß, daß ein Vertreter gewählt wurde, dessen Befugnisse sich auf das Konkursverfahren erstrecken, so ist die Berufung nur statthaft, wenn das Gericht eine Erweiterung der Befugnisse für angezeigt hält. War aber damals die Bestellung eines Vertreters für den Konkurs abgelehnt worden, so darf die Berufung nur unterbleiben, wenn anzunehmen ist, daß das Ergebniß das gleiche bleiben würde.

[7]) Das heißt, wenn ein von der Versammlung gewählter Vertreter, der Grundbuchvertreter, der Vertragsvertreter (§ 16 Abs. 2) oder einer der im § 17 genannten Vertreter es verlangt, oder wenn das Verlangen von Gläubigern gestellt wird, deren Schuldverschreibungen zusammen den 20. Theil des Gesammtbetrags der im Umlaufe befindlichen Schuldverschreibungen erreichen. Gemäß § 7 Abs. 3 kann von diesen Personen auch die Ankündigung von Gegenständen zur Beschlußfassung in einer bereits anberaumten Versammlung verlangt werden. Das Konkursgericht tritt in diesem Falle an die Stelle des Schuldners. Die Vorschriften des § 4 können nicht zur Anwendung kommen. Gegen die Ablehnung des Verlangens steht dem Antragsteller gemäß § 20 Abs. 2 GFrG. die einfache Beschwerde zu, s. oben Anm. 2. Das Verlangen ist in der im § 3 Abs. 2 bezeichneten Form zu stellen. Wird es von Gläubigern gestellt, so bedarf es der Hinterlegung der Schuldverschreibungen nicht. Eine unbedingte Verpflichtung des Gerichts zur Berufung der Versammlung ist nicht anzunehmen. Es kann die Berufung ablehnen, wenn die von dem Antragsteller vorgebrachten Gründe nicht geeignet erscheinen, das Verlangen zu rechtfertigen, vgl. Anm. 2 zu § 3 S. 44, Anm. 2 zu § 4 S. 49. Die Befugniß, den Antragstellern die Kosten der Berufung und Abhaltung der Versammlung aufzuerlegen (§ 4 Abs. 3 Satz 2) steht dem Gerichte nicht zu.

Die Aufsichtsbehörde und der Konkursverwalter brauchen vor dem Erlasse der Verfügung nicht gehört zu werden.

[8]) Vgl. Anm. 1 zu § 5. Die Befugniß der Aufsichtsbehörde, die Berufung zu verlangen, setzt voraus, daß das Aufsichtsrecht auch nach der Eröffnung des Konkursverfahrens bestehen bleibt.

[9]) Nach der Fassung der Vorschrift ist das Gericht unbedingt verpflichtet, dem Verlangen des Konkursverwalters, der Aufsichtsbehörde oder des Gläubigerausschusses nachzukommen. Mit Rücksicht auf die Vorschrift des § 7 Abs. 1, 2 ist mit dem Verlangen auch der Zweck der Versammlung anzugeben. Die Angabe der Gründe (vgl. § 3 Abs. 2) ist hier nur zum Zwecke der Information des Konkursgerichts erforderlich. Die bezeichneten Personen sind auch befugt, die Ankündigung von Gegenständen zur Beschlußfassung in einer bereits einberufenen Versammlung zu verlangen. Die auf das Verlangen ergehende Verfügung ist mit der einfachen Beschwerde nach § 20 GFrG. anzufechten, siehe oben Anm. 2.

[10]) Hinsichtlich der Bestimmung der Stelle ist dem Gerichte freie Hand gelassen. Wie die Begr. 27 bemerkt, kann auch die Einreichung bei dem Gerichte für genügend erklärt werden. Dies wird sich namentlich dann empfehlen, wenn die Anmeldung der Forderungen durch Schuldverschreibungsbesitzer selbst bewirkt ist. Die gemäß § 139 KO. erfolgte Einreichung der Schuldverschreibungen kann dann für die Versammlung Wirksamkeit behalten. § 10 Abs. 2 ist im Uebrigen nicht geändert. Das Stimmrecht steht demnach nur Gläubigern zu, die spätestens am zweiten Tage vor der Versammlung ihre Schuldverschreibungen in der von dem Konkursgerichte bestimmten Weise hinterlegt haben. Demgemäß ist die Anordnung des Gerichts über die Art der Hinterlegung in der für die Berufung erforderlichen Weise (§ 6 Abs. 1) und stets so früh bekannt zu machen, daß noch mindestens zwei Wochen für die Hinterlegung frei bleiben, § 6 Abs. 2.

[11]) § 5 Abs. 2 ist für das Konkursverfahren durch § 18 Abs. 4 ersetzt. Das Recht auf selbstständige Berufung der Versammlung ist der Aufsichtsbehörde durch den Wegfall des § 5 Abs. 1 benommen. Dagegen verbleibt ihr gemäß § 5 Abs. 3 das Recht, einen Vertreter in die Versammlungen zu entsenden. Dies gilt aber nur für den Fall, daß die Aufsicht auch nach Eröffnung des Konkursverfahrens fortdauert.

[12]) Auf Mehrheitsbeschlüsse, welche einen Verzicht auf Gläubigerrechte enthalten, finden demnach im Konkursverfahren als besondere Vorschriften nur noch § 11 Abs. 2 bis 4 und § 12 Abs. 1, 2 Anwendung. Der Wegfall des § 12 Abs. 3 ist namentlich deshalb von Wichtigkeit, weil dadurch die Theilnahme des Verbandes als solchen an einem allgemeinen Zwangsvergleich ermöglicht wird.

Da § 12 Abs. 1 Satz 3 auch im Konkurs Anwendung findet, so ist jeder Schuldverschreibungsbesitzer befugt, auf Grund dieser Vorschrift den Erlaß seiner Forderung durch einen Zwangsvergleich, dem der Verband zugestimmt hat, anzufechten. Dabei ist jedoch erforderlich, daß der Zwangsvergleich nicht ohne die Zustimmung der Gesammtheit der Schuldverschreibungsbesitzer zu Stande gekommen wäre. Die gerichtliche Bestätigung des Zwangsvergleichs hindert die Anfechtung nicht. Die Anfechtung aus § 12 Abs. 1 Satz 3 muß auch hier von der Anfechtung wegen Betrugs (§ 196 KO.) geschieden werden, vgl. Anm. 4 zu § 12.

§. 19.

Werden im Konkurse die Forderungen aus den Schuldverschreibungen durch den von der Gläubigerversammlung bestellten Vertreter der Gläubiger angemeldet, so bedarf es der Beifügung der Schuldverschreibungen nicht[1]). Zur Erhebung der bei einer

Vertheilung auf die Schuldverschreibungen fallenden Beträge ist die Vorlegung der Schuldverschreibungen erforderlich[2]); auf die Erhebung findet die Vorschrift des §. 14 Abs. 2 keine Anwendung.[3])

[1]) Die Vorschrift ändert den § 139 KO. in zwei Beziehungen. Einmal erfolgt die Anmeldung der Forderungen aus den Schuldverschreibungen nicht auf den Namen der Besitzer, sondern es wird lediglich der Gesammtbetrag der nach Ausweis der Bücher noch umlaufenden, nicht im Besitze der Konkursmasse befindlichen Schuldverschreibungen unter Angabe der Nummern angemeldet. Ferner bedarf es der Einreichung der Schuldverschreibungen oder einer Abschrift derselben nicht.

Auf die Möglichkeit, daß einzelne Schuldverschreibungen verloren gegangen oder vernichtet sind, eine Kraftloserklärung aber nicht stattgefunden hat, braucht zunächst keine Rücksicht genommen zu werden. Werden später Schuldverschreibungen bei der Erhebung der Konkursdividende nicht vorgelegt, so sind die auf sie entfallenden Beträge gemäß § 169 KO. zu hinterlegen. Diese Regelung bietet den Vortheil, daß die Urkunden zunächst in den Händen der Besitzer belassen werden und diese in der Lage bleiben, über die Papiere unbeschränkt zu verfügen. Auch wird dadurch, daß die Forderungen aus den Schuldverschreibungen ohne die Vorlegung der Urkunden berücksichtigt werden müssen, eine Ausschließung derjenigen, die sich nicht rechtzeitig gemeldet haben, vermieden (Begr. 28). Andererseits ergiebt sich die Schwierigkeit, daß, wenn es bei einer Handlung des Vertreters auf die Zahl der von ihnen vertretenen Gläubiger ankommt, deren Feststellung unmöglich sein kann, siehe hierüber die Vorbemerkung S. 114.

[2]) Dies gilt sowohl, wenn die Erhebung durch den Vertreter, als wenn sie durch die Schuldverschreibungsbesitzer selbst erfolgt.

[3]) Die Befugniß zur selbstständigen Erhebung der auf die Schuldverschreibungen entfallenden Beträge kann also den einzelnen Gläubigern durch Beschluß der Versammlung nicht entzogen werden.

Beschränkung der Vertragsfreiheit.

Die Vorschrift des § 20 sorgt für den Schutz der Schuldverschreibungsbesitzer gegen Einengung der in diesem Gesetze der Versammlung und dem Vertreter der Gläubiger gewährleisteten Rechte. Die Frage, inwieweit eine Erweiterung dieser Rechte statthaft ist, wird nicht geregelt. In dieser Beziehung bemerkt die Begr. 29: „Auf eine Erweiterung der Befugnisse der Gläubigerversammlung oder des Vertreters bezieht sich die Vorschrift nicht; einer solchen ist die Wirkung nicht zu versagen, sofern eine dahingehende Festsetzung in einer für alle Betheiligten bindenden Weise getroffen ist." Eine solche Erweiterung ist aber im Rahmen dieses Gesetzes nur insoweit statthaft, als es sich um die Befugnisse der Versammlung oder des Vertreters dem Schuldner gegenüber handelt. So kann der Schuldner dem nach § 14 zu bestellenden Vertreter das Recht der Bucheinsicht oder andere Kontrollbefugnisse einräumen, oder sich der Gläubigerversammlung zur Rechenschaftslegung, zu Auskünften und dergleichen verpflichten. Dagegen ist ausgeschlossen eine Erweiterung der Befugnisse der Versammlung den einzelnen Schuldverschreibungsbesitzern gegenüber über die drei von dem Gesetze gezogenen Schranken, daß Beschlüsse nur zur Wahrung der gemeinsamen Interessen gefaßt werden dürfen (§ 1 Abs. 1), daß die Verpflichtung zu Leistungen den Gläubigern durch Mehrheitsbeschluß nicht auferlegt werden kann (§ 1 Abs. 3) und daß Verzichte auf Gläubigerrechte nur unter den gesetzlichen Voraussetzungen zulässig sind, § 11 Abs. 1, § 14 Abs. 3. Allerdings ist es möglich, daß den Gläubigern durch Festsetzung in den Schuldverschreibungen die Verpflichtung zu bestimmten Leistungen auferlegt wird, sofern die Gläubigerversammlung einen dahingehenden Beschluß faßt. Dann wird aber die Verpflichtung nicht durch den Mehrheitsbeschluß, sondern durch den Schuldvertrag begründet, und der Beschluß hat nur die Bedeutung des Eintritts einer Bedingung.

§. 20.

Die in diesem Gesetze der Gläubigerversammlung und dem Vertreter der Gläubiger eingeräumten Befugnisse können durch Festsetzungen in den Schuldverschreibungen nicht ausgeschlossen oder beschränkt werden.[1])

[1]) Die Vorschrift wird von der Begründung S. 28 mit dem Hinweis auf den Zweck des Gesetzes, dessen Vorschriften zugleich dem öffentlichen Interesse dienen, gerechtfertigt.

a Sie sollte nach der Begründung auch besagen, daß die Bestellung eines Vertreters der Gläubiger, sofern nicht der Fall des § 1189 BGB. vorliegt, nicht anders als durch Beschluß der Gläubigerversammlung erfolgen könne, daß insbesondere eine Bestellung durch den Schuldner mittelst Bezeichnung in den Schuldverschreibungen weiterhin nicht mehr statthaft sei. Nach den Beschlüssen der Reichstagskommission zu § 16 Abs. 1, welche die Bestellung eines Vertreters in dieser Weise ausdrücklich für zulässig erklären (vgl. Anm. 2 zu § 16 S. 103), kann § 20 nur noch dahin verstanden werden, daß er das Recht des Ausstellers nicht berührt, durch Festsetzungen in den Schuldverschreibungen einen Vertreter der Schuldverschreibungsbesitzer (Vertragsvertreter) mit der Befugniß zu bestellen, mit Wirkung für und gegen jeden Schuldverschreibungsbesitzer bestimmte Verfügungen über die Rechte aus den Schuldverschreibungen zu treffen und die Gläubiger bei der Geltendmachung der Rechte aus den Schuldverschreibungen zu vertreten. Diese Auslegung ist mit dem Wortlaute des § 20 vereinbar. Andererseits besagt aber dieser Wortlaut, daß insoweit dem Vertragsvertreter Befugnisse übertragen werden, die an sich durch die Gläubigerversammlung auch einem gemäß § 14 bestellten Vertreter gegeben werden dürfen, der Gläubigerversammlung das Recht nicht beschränkt werden kann, auch ihrerseits einen Vertreter mit denselben Befugnissen zu betrauen. Die gesetzliche Organisation hat also durch die Zulassung einer vertragsmäßigen Organisation nicht eine nur subsidiäre Bedeutung erhalten (so Abg. Büsing. Sten. Ber. über d. Verh. d. Reichstags, 10. Legislaturperiode. I. Session 1898/1900 S. 2897 D), vielmehr konkurriren die beiden Organisationen miteinander, vgl. auch die Vorbemerkung zu §§ 14 ff. S. 85 und Anm. 3 zu § 16 S. 104.

b Die Vorschrift des § 20 bezieht sich nur auf die bei der Begründung des Schuldverhältnisses getroffenen Festsetzungen, welche in die Schuldverschreibungen aufgenommen sind und durch die Annahme der Schuldverschreibungen seitens der ersten Erwerber vertragsmäßige Geltung erlangen. Diese Festsetzungen sind, insoweit sie dem § 20 zuwiderlaufen, unwirksam. Auf spätere Vereinbarungen zwischen Gläubigern und Schuldner findet nicht § 20, sondern §§ 11 bis 13 Anwendung. Dem Wortlaute nach trifft § 20 die in § 3 Abs. 2, § 16 Abs. 2, 3 § 17 Abs. 1 einer Minderheit der Gläubiger, nicht der Gläubigerversammlung, gewährten Rechte nicht. Indessen ergiebt sich aus dem Charakter dieser Vorschriften, daß sie durch Festsetzungen in den Schuldverschreibungen nicht geändert werden können.

Strafvorschriften.

§. 21.

Wer Schuldverschreibungen, die sich im Besitze des Schuldners befinden, einem Anderen zu dem

Zwecke überläßt, das Stimmrecht der Vorschrift des §. 10 Abs. 4 zuwider an Stelle des Schuldners auszuüben, wird mit Gefängniß bis zu einem Jahre und mit Geldstrafe bis zu fünftausend Mark bestraft.[1]) Die gleiche Strafe trifft denjenigen, welcher die Schuldverschreibungen zu dem bezeichneten Zwecke verwendet.[2])

Sind mildernde Umstände vorhanden, so tritt ausschließlich die Geldstrafe ein.

[1]) Die Vorschrift ist von der Reichstagskommission eingefügt, weil ein strafrechtlicher Schutz gegen Umgehungen der Vorschrift des § 10 Abs. 4 Satz 1 für geboten erachtet wurde (KB. 18). Wie die Worte „das Stimmrecht an Stelle des Schuldners auszuüben" ergeben, können für die That nur solche im Besitze des Schuldners befindliche Schuldverschreibungen in Frage kommen, für welche der Schuldner, wenn ihm nicht die Vorschrift des § 10 Abs. 4 Satz 1 entgegenstände, stimmberechtigt wäre und eine andere Person nicht stimmberechtigt ist. Dies sind nur die im Eigenbesitze (§ 872 BGB.) des Schuldners befindlichen Schuldverschreibungen. Für Schuldverschreibungen, welche der Schuldner in Verwahrung oder Pfandbesitze hat oder an welchen ihm ein Zurückbehaltungsrecht zusteht, ist stimmberechtigt der Eigenthümer (vgl. § 10 Abs. 4 Satz 2). Allerdings ist möglich, daß auch mit diesen Schuldverschreibungen ein Mißbrauch getrieben wird. Ein strafrechtlicher Schutz ist aber hier entbehrlich, weil der stimmberechtigte Eigenthümer in der Lage ist, einen solchen Mißbrauch zu verhüten.

Thäter kann sein der Schuldner, bei juristischen Personen der Vorstand, aber auch eine dritte Person, welche in der Lage ist, über die im Besitze des Schuldners befindlichen Schuldverschreibungen zu verfügen. Daß diese Person dabei kraft einer ihr zustehenden Vertretungsmacht (Prokurist, Handlungsbevollmächtigter) für den Schuldner handelt, ist nicht erforderlich. Es ist auch nicht erforderlich, daß der Thäter eine Beeinflussung des Ergebnisses der Abstimmung im Interesse des Schuldners bezweckt; der mit der Ueberlassung erstrebte Zweck muß nur darin bestehen, daß das Stimmrecht für die Schuldverschreibung ausgeübt wird. Ein Ueberlassen zum Zwecke der Ausübung des Stimmrechts liegt auch dann vor, wenn der Thäter die Schuldverschreibung in einer Weise hinterlegt, welche dem Anderen die Ausübung des Stimmrechts ermöglicht. Daß der Andere das Stimmrecht ausübt, ist nicht erforderlich.

[2]) Erforderlich ist, daß der Thäter, der in der Lage ist, für eine im Eigenbesitze des Schuldners befindliche Schuldverschreibung das Stimmrecht auszuüben, die Stimme in der Versammlung abgiebt. Ein bloßes Erscheinen in der Versammlung unter Stimmenthaltung genügt nicht. Daß dem Thäter die Schuldverschreibung zum Zwecke der Ausübung des Stimmrechts überlassen war, ist nicht nöthig. Auch der Bankier, bei dem der Schuldner seine Schuldverschreibungen deponirt hat, ist nach § 21 Satz 2 strafbar, wenn er ohne Wissen des Schuldners das Stimmrecht für diese Schuldverschreibungen ausübt.

§. 22.

Wer [1]) in der Bekanntmachung, die gemäß §. 2 erlassen wird, oder in der Auskunft, die gemäß §. 11 Abs. 4 in der Gläubigerversammlung ertheilt wird, wissentlich [2]) unwahre Angaben über Thatsachen macht, deren Mittheilung ihm nach den bezeichneten Vorschriften obliegt, wird mit Gefängniß bis zu einem Jahre oder mit Geldstrafe bis zu dreitausend Mark bestraft.

Wer es unterläßt, die nach §. 2 ihm obliegende Bekanntmachung zu bewirken, wird mit Geldstrafe bis zu dreitausend Mark bestraft.[3])

[1]) Da die im Abs. 1 bezeichneten Handlungen dem Schuldner obliegen, so kommt als Thäter nur der Schuldner oder eine mit Vertretungsmacht für diesen handelnde Person, im Konkurse der Konkursverwalter in Betracht.

[2]) Es genügt auch, wenn der Thäter die Angabe macht, obwohl er zweifelt, ob sie wahr ist oder nicht, sie also auch für den letzteren Fall will. Vgl. Stenglein, Strafrechtliche Nebengesetze Anmerkung 5 zu Artikel 249a des Handelsgesetzbuchs; Olshausen, Strafgesetzbuch Anmerkung 23 zu § 257.

[3]) Da die Bekanntmachung nicht sofort, sondern nur unverzüglich (vgl. Anmerkung 2 zu § 2) nach dem Eintreten der im § 2 bezeichneten Thatsachen zu bewirken ist, so fehlt es an einer bestimmten Frist, nach deren Ablauf eine Unterlassung anzunehmen ist, es muß vielmehr für den einzelnen Fall festgestellt werden, ob bereits eine schuldhafte Verzögerung eingetreten und der Schuldner sich dessen bewußt war.

§. 23.[1])

Wer sich besondere Vortheile dafür gewähren oder versprechen läßt, daß er bei einer Abstimmung in der Gläubigerversammlung in einem gewissen Sinne stimme oder an der Abstimmung in der Gläubigerversammlung nicht Theil nehme, wird mit Geldstrafe bis zu dreitausend Mark oder mit Gefängniß bis zu einem Jahre bestraft.[2])

Die gleiche Strafe trifft denjenigen, welcher besondere Vortheile dafür gewährt oder verspricht, daß Jemand bei einer Abstimmung in der Gläubigerversammlung in einem gewissen Sinne stimme oder an der Abstimmung in der Gläubigerversammlung nicht Theil nehme.

[1]) Die Vorschrift ist den § 317 HGB., § 243 KO. nachgebildet.

[2]) Thäter kann jede Person sein, die in der Lage ist, ein Stimmrecht in der Versammlung auszuüben kraft eigenen Rechtes oder an Stelle eines Anderen. Im letzteren Falle greift aber die Strafvorschrift dann nicht Platz, wenn die Gewährung oder das Versprechen von Vortheilen von der Person ausgeht, in deren Auftrage das Stimmrecht ausgeübt wird, wobei es, wie Staub, Anm. 6, 7 zu § 317, gegen Stenglein, Die strafrechtlichen Nebengesetze des Deutschen Reiches (2. Aufl.) Anm. 2 zu Artikel 249e HGB., zutreffend ausführt, nicht darauf ankommt, ob ein offenes Vertretungsverhältniß vorliegt oder ob die Ausübung des Stimmrechts durch eine Scheinübertragung ermöglicht wird. Zum Beispiel ist, wer sich von dem Schuldner gegen Gewährung von Vortheilen mit der Ausübung des Stimmrechts für eine im Eigenbesitze des Schuldners befindliche Schuldverschreibung beauftragen läßt, nur nach § 21 Abs. 1 Satz 2, nicht nach § 23 strafbar. In einem solchen Falle werden die Vortheile nicht für das Verhalten bei der Abstimmung, sondern für die Uebernahme des Auftrags, zu stimmen, gewährt. Besondere Vortheile sind solche, die sich nicht unmittelbar aus der Abstimmung selbst ergeben; nicht nur Vermögensvortheile,

sondern auch Zuwendungen anderer Art. (Staub, Anm. 2, 3 zu § 317, Stenglein a. a. O. Anm. 4). Daß der Thäter auf das ihm Gewährte oder Versprochene keinen Anspruch hatte, ist nicht erforderlich. Es genügt, daß er mehr erhält oder daß sich seine Lage sonst irgendwie günstiger gestaltet, als es nach seiner Auffassung ohnedem der Fall sein würde. Der Thäter muß mit Rücksicht auf solche Vortheile das Stimmen in gewissem Sinne oder die Nichtausübung des Stimmrechts zusagen. Das Versprechen, nur eine Ansicht in der Debatte zu vertreten oder Anträge zu stellen, ist nicht strafbar. Es ist nicht nöthig, daß die Willensrichtung des Thäters wirklich beeinflußt worden ist. Eine bestimmte Abstimmung oder ein bestimmter Gegenstand braucht nicht ins Auge gefaßt zu sein. Es genügt zum Beispiel, wenn der Thäter sich verpflichtet, sich bei allen Abstimmungen so zu verhalten wie eine andere Person. Mit dem ausdrücklichen oder stillschweigenden Abschluß eines solchen Abkommens ist die That vollendet.

Schuldverschreibungen von juristischen Personen des öffentlichen Rechtes.

§. 24.

Auf Schuldverschreibungen des Reichs, eines Bundesstaats oder einer Körperschaft des öffentlichen Rechtes[1]) finden die Vorschriften dieses Gesetzes keine Anwendung. Die Landesgesetze können jedoch bestimmen, daß die bezeichneten Vorschriften auch auf Schuldverschreibungen von Körperschaften des öffentlichen Rechtes Anwendung finden.

[1]) § 89 BGB. unterscheidet zwischen Körperschaften, Stiftungen und Anstalten des öffentlichen Rechtes. Daß

hier Körperschaft des öffentlichen Rechtes in dem nämlichen Sinne und nicht in dem weiteren, Anstalten und Stiftungen des öffentlichen Rechtes mit umfassenden Sinne von juristischer Person des öffentlichen Rechtes verstanden werden darf, ergiebt sich daraus, daß, während der im Reichsanzeiger veröffentlichte Entwurf von öffentlichen Körperschaften sprach, in dem beim Reichstage vorgelegten Entwurf offenbar mit Rücksicht auf Beanstandungen in der Literatur (s. Riesser S. 67 Anm. 1) die Uebereinstimmung mit dem Sprachgebrauche des BGB. hergestellt worden ist. Körperschaften des öffentlichen Rechtes sind die öffentlich-rechtlichen Vereine, also die Gemeinden und weiteren kommunalen Verbände, Kirchengesellschaften mit juristischer Persönlichkeit sowie die zu wirthschaftlichen Zwecken, namentlich auf genossenschaftlicher Grundlage gebildeten Vereinigungen, welchen nach dem für sie maßgebenden Reichs- oder Landesrechte die Eigenschaft als juristische Person des öffentlichen Rechtes zukommt. Die von Stiftungen oder Anstalten des öffentlichen Rechtes ausgegebenen Schuldverschreibungen fallen dagegen unter das Gesetz. Wenn Begr. 10 bemerkt, daß die Schuldverschreibungen der auf öffentlich-rechtlicher Grundlage errichteten Kreditanstalten, wie Rentenbanken, landwirthschaftlicher Kreditvereine u. s. w. dem Gesetze nicht unterstellt würden, so ist dies bezüglich der Rentenbanken nur richtig, sofern sie nach dem für sie maßgebenden Landesrechte sich wirklich als Personenvereine darstellen sollten. Jedenfalls steht es mit dem Wortlaute des § 20 nicht im Einklange, wenn ebenda bemerkt ist, daß das Gesetz auf Schuldverschreibungen beschränkt bleibt, die von *Privatunternehmungen* ausgegeben werden.

Schuldverschreibungen von Eisenbahnen.

§. 25.

Unberührt bleiben die landesgesetzlichen Vorschriften über die Versammlung und Vertretung der

Pfandgläubiger einer Eisenbahn oder Kleinbahn in dem zur abgesonderten Befriedigung dieser Gläubiger aus den Bestandtheilen der Bahneinheit bestimmten Verfahren[1]).

[1]) Nach Artikel 112 E. z. BGB. bleiben unberührt die landesgesetzlichen Vorschriften über die Belastung der einem Eisenbahn- oder Kleinbahnunternehmen gewidmeten Grundstücke und sonstiger Vermögensbestände als Einheit (Bahneinheit) im Falle der Ausstellung von Theilschuldverschreibungen auf den Inhaber und die sich dabei ergebenden Rechtsverhältnisse sowie über die Liquidation zum Zwecke der Befriedigung der Gläubiger, denen ein Recht auf abgesonderte Befriedigung aus Bestandtheilen der Bahneinheit zusteht. Da die Vorschriften des vorliegenden Gesetzes auch auf die von Eisenbahnunternehmungen ausgegebenen Schuldverschreibungen Anwendung finden, so müßte der Vorbehalt des Artikel 112 eine Einschränkung dahin erfahren, daß, sofern die ausgegebenen Theilschuldverschreibungen auf den Inhaber den im § 1 des vorliegenden Gesetzes gestellten Anforderungen entsprechen, die landesgesetzlichen Vorschriften über die Versammlungen und die Vertretung der Schuldverschreibungsbesitzer auf sie keine Anwendung finden, sondern durch die Vorschriften des vorliegenden Gesetzes ersetzt werden. Diese Folge wird durch den § 25 für das Verfahren zur abgesonderten Befriedigung der Schuldverschreibungsbesitzer aus der Bahneinheit beseitigt.

Demnach kommen von dem preußischen Gesetze, betreffend das Pfandrecht an Privateisenbahnen und Kleinbahnen und die Zwangsvollstreckung in dieselben, vom 19. August 1895 die Vorschriften der §§ 27—31 über die Versammlung der Gläubiger einer Bahnpfandschuld außerhalb der Zwangsliquidation nicht mehr zur Anwendung, wenn die Theilschuldverschreibungen, in welche die Schuld gelegt ist, dem vorliegenden Gesetz unterstehen (§ 1 Abs. 1, §§ 2, 24). Die Berufung der Versammlung, die Fassung und der zulässige Inhalt der Beschlüsse regelt sich dann nur nach den Vorschriften dieses Gesetzes. Auch die gerichtliche Bestätigung der Beschlüsse kommt in Wegfall. Dies gilt selbst für den Konkurs des Schuldners sowie dann, wenn nach §§ 32 ff. des preußischen Gesetzes die Zwangsvollstreckung in die Bahneinheit betrieben wird (KB. 18). Nur wenn nach Erlöschen der Genehmigung für das Bahnunternehmen zur abgesonderten Befriedigung der Bahnpfandgläubiger aus den Bestandtheilen der Bahneinheit die Eröffnung der Zwangsliquidation erfolgt (§ 48 l. c.), so kommen in Ansehung der Versammlung und Vertretung der Pfandgläubiger in diesem Verfahren die §§ 51—57 des preußischen Gesetzes auch fernerhin stets zur Anwendung. Die Organisation der Gläubiger nach Maßgabe des vorliegenden Gesetzes bleibt auch während der Zwangsliquidation bestehen. Zur Verfolgung des Pfandrechts ist sie aber nicht befugt (arg. § 51 l. c.) und die Zustimmung zur Aufhebung der Zwangsliquidation kann nur von einer Versammlung beschlossen werden, die nach § 57 Abs. 2 des preußischen Gesetzes berufen ist.

Inkrafttreten des Gesetzes; Anwendbarkeit des Gesetzes auf früher ausgegebene Schuldverschreibungen.

§. 26.

Dieses Gesetz tritt gleichzeitig mit dem Bürgerlichen Gesetzbuch in Kraft.[1])

Es findet auch auf die vorher ausgegebenen Schuldverschreibungen Anwendung.[2])

1) E. z. BGB. Artikel 1: Das BGB. tritt am 1. Januar 1900 in Kraft.

2) Sofern zur Zeit der Ausgabe die im § 1 Abs. 1 bezeichneten Voraussetzungen vorlagen und am 1. Januar 1900 der Schuldverschreibungsumlauf noch nicht unter die im § 2 Satz 1 bezeichnete Grenze gesunken war. War der Fall des § 2 bereits vor dem 1. Januar 1900 eingetreten, so braucht die im § 2 vorgeschriebene Bekanntmachung nicht zu erfolgen, obwohl dies an sich wohl wünschenswerth wäre. Wegen des Fortbestandes einer vor dem Inkrafttreten des Gesetzes für die Schuldverschreibungsbesitzer geschaffenen vertragsmäßigen Organisation neben der gesetzlichen Organisation siehe § 17 und Anmerkung 1a zu § 20 Seite 126.

Urkundlich unter Unserer Höchsteigenhändigen Unterschrift und beigedrucktem Kaiserlichen Insiegel.

Gegeben Neues Palais, den 4. Dezember 1899.

(L. S.) Wilhelm.

Fürst zu Hohenlohe.

Sachregister.

(A. = Anmerkung. S. = Seite.)

H.

L.

M.

N.

O.

P.

R.

W.

Druck von Georg Reimer in Berlin.

Verzeichniß

der

Guttentag'schen Sammlung

Deutscher Reichsgesetze

und

Preußischer Gesetze.

**Text-Ausgaben mit Anmerkungen
und Sachregister.**

Taschenformat.

Berlin.
J. Guttentag, Verlagsbuchhandlung,
G. m. b. H.

Guttentag'sche Sammlung

Deutscher Reichsgesetze.

Text-Ausgaben mit Anmerkungen. Taschenformat.

1. **Verfassung** des Deutschen Reichs. Gegeben Berlin, den 16. April 1871. Von Dr. **L. von Rönne.** Achte neubearbeitete Auflage von **Paul von Rönne,** Landrath. 1 M. 60 Pf.

2. **Strafgesetzbuch** für das Deutsche Reich. Nebst den gebräuchlichsten Reichs-Strafgesetzen (Presse, Personenstand, Nahrungsmittel, Kranken-, Unfall-, Invalidenversicherung, Gewerbeordnung, unlauterer Wettbewerb, Depot- und Börsengesetz u. s. w.). In der vom 1. Januar 1900 ab geltenden Fassung. Von Dr. **H. Rüdorff.** Neunzehnte Auflage von Dr. **H. Appelius,** Staatsanwaltschaftsrath. Geb. in ganz Leinen 1 M. 20 Pf.

3. **Militärstrafgerichtsordnung** nebst Einführungsgesetz und Gesetz, betr. die Dienstvergehen der richterlichen Militärjustizbeamten und die unfreiwillige Versetzung derselben in eine andere Stelle oder in den Ruhestand. Von Dr. **P. Herz,** Geh. Admiralitätsrath. Zweite Auflage. Geb. in ganz Leinen 3 M.

4. **Handelsgesetzbuch vom 10. Mai 1897** unter Ausschluß des Seerechts. Mit den ergänzenden Vorschriften des Bürgerlichen Gesetzbuchs und Erläuterungen herausgegeben von **F. Litthauer,** Justizrath. Elfte unveränderte Auflage. 2 M. 25 Pf.

5. Allgemeine Deutsche **Wechselordnung.** Siebente Auflage von Dr. **E. Ball,** Rechtsanwalt, und das Reichsgesetz über die **Wechselstempelsteuer.** Sechste Auflage von Reg.-Assessor **P. Loeck.** 1897. 2 M.

6. **Reichs-Gewerbe-Ordnung** nebst Ausführungsbestimmungen. Von **T. Ph. Berger.** Unter besonderer Berücksichtigung der Bestimmungen über den Arbeiterschutz, die Organisation des Handwerks und das Lehrlingswesen fortgeführt von Dr. **Wilhelmi,** Geh. Ober-Regierungsrath. Fünfzehnte vermehrte Auflage. 2 M. 80 Pf.

7. Die deutsche **Post- und Telegraphen-Gesetzgebung.** Nebst dem Weltpostvertrag und dem internationalen Telegraphenvertrag. Von Dr. **P. D. Fischer,** Unterstaatssekretär im Reichs-Postamt. Vierte Auflage. 1895. 2 M. 60 Pf.

8. Die Reichsgesetze über den **Unterstützungswohnsitz** in der Fassung der Novelle vom 12. März 1894 die **Freizügigkeit,** den **Erwerb** und **Verlust** der

Bundes- und Staatsangehörigkeit, nebst allen landesgesetzlichen Bestimmungen. Von Geheimrath Dr. **J. Krech,** Mitglied des Bundesamtes für das Heimathwesen. Vierte Auflage. 2 M. 25 Pf.

9a. Sammlung **kleinerer privatrechtlicher Reichsgesetze.** Von **F. Vierhaus,** Geh. Ober-Justizrath. Zweite Auflage in Vorbereitung.

9b. Sammlung **kleinerer strafrechtlicher Reichsgesetze.** Von **M. Werner,** Geh. Ober-Regierungsrath. Zweite Auflage im Druck.

10. Das **Reichsbeamtengesetz** vom 31. März 1873 und seine Ergänzungen. Erläutert von **J. Pieper,** Geh. Ober-Regierungsrath. 3 M. 30 Pf.

11. **Civilprozeßordnung mit Einführungsgesetzen,** Nebengesetzen und Ergänzungen. In der Fassung des Gesetzes vom 17. Mai 1898. Unter besonderer Berücksichtigung der Entscheidungen des Reichsgerichts herausgegeben mit Anmerkungen von **R. Sydow,** Direktor im Reichs-Postamt und **L. Busch,** Kammergerichtsrath. Achte Auflage. 8°. Geb. in ganz Leinen 4 M.

Dieser Band ist in größerem Format erschienen!

12. **Strafprozeßordnung und Gerichtsverfassungsgesetz** in der vom 1. Januar 1900 ab geltenden Fassung, nebst dem **Gesetz, betreffend die Entschädigung der im Wiederaufnahmeverfahren freigesprochenen Personen.** Von **A. Hellweg,** Reichsgerichtsrath. Zehnte Auflage. Geb. in ganz Leinen 2 M.

13. **Konkursordnung und Anfechtungsgesetz** mit Einführungs- und Nebengesetzen. In der Fassung der Gesetze vom 17. Mai 1898. Unter besonderer Berücksichtigung der Entscheidungen des Reichsgerichts herausgegeben mit Anmerkungen von **R. Sydow,** Direktor im Reichs-Postamt und **L. Busch,** Kammergerichtsrath. Achte Auflage. Geb. in ganz Leinen 1 M. 80 Pf.

14. **Gerichtsverfassungsgesetz** mit Einführungsgesetz, Nebengesetzen und Ergänzungen. In der Fassung des Gesetzes vom 17. Mai 1898. Unter Berücksichtigung der Entscheidungen des Reichsgerichts herausgegeben von **R. Sydow,** Direktor im Reichs-Postamt und **L. Busch,** Kammergerichtsrath. Achte Auflage. 1 M. 20 Pf.

15. **Das deutsche Gerichtskostengesetz nebst den Gebührenordnungen für Gerichtsvollzieher, Zeugen und Sachverständige.** In der Fassung vom 20. Mai 1898. Unter besonderer Berücksichtigung der Entscheidungen

des Reichsgerichtes herausgegeben mit Anmerkungen und Kostentabellen von **R. Sydow**, Direktor im Reichspostamt und **L. Busch**, Kammergerichtsrath. Sechste vermehrte Auflage. Geb. in ganz Leinen 1 M. 50 Pf.

16. **Rechtsanwaltsordnung.** Von **R. Sydow**, Direktor im Reichspostamt. Vierte, völlig umgearbeitete Auflage von Dr. **E. Mosler**, Gerichtsassessor. Geb. in ganz Leinen ca. 1 M.

17. Die **Deutsche Gebührenordnung für Rechtsanwälte und das Preußische Gebührengesetz** vom 27. September/6. Oktober 1899. Von **R. Sydow**, Direktor im Reichspostamt und **L. Busch**, Kammergerichtsrath. Sechste Auflage. Geb. in ganz Leinen 1 M. 50 Pf.

18. **Reichsstempelgesetz (Börsensteuergesetz)** mit allen Ausführungsvorschriften, vielen Tabellen, den Entscheidungen der Verwaltungsbehörden und des Reichsgerichts. Von **Gaupp**, Geh. Regierungsrath. Achte Auflage von **P. Loeck**, Regierungs-Assessor. Im Druck.

19. Die **Seegesetzgebung** des Deutschen Reiches. Nebst den Entscheidungen des Reichsoberhandelsgerichts, des Reichsgerichts und der Seeämter. Von Dr. **W. E. Knitschky**, Landgerichtsrath. Zweite Auflage. 3 M. 80 Pf.

20. **Krankenversicherungsgesetz** vom 15. Juni 1883 in der Fassung der Novelle vom 10. April 1892. Von Dr. **E. von Woedtke,** Direktor im Reichsamt des Innern. Siebente Auflage. 2 M.

21. Die **Konsulargesetzgebung** des Deutschen Reiches. Von Professor Dr. **Ph. Zorn.** Vergriffen.

22a. **Patentgesetz. Gesetz, betreffend den Schutz von Gebrauchsmustern. Gesetz, betreffend das Urheberrecht an Mustern und Modellen.** Nebst Ausführungsbestimmungen unter eingehender Berücksichtigung der Rechtsprechung des Reichsgerichts und der Praxis des Patentamts. Erläutert von Dr. **R. Stephan,** Regierungsrath, Mitglied des Kaiserlichen Patentamts. Fünfte vermehrte Auflage. Geb. in ganz Leinen 2 M.

22b. Gesetz zum **Schutz der Waarenbezeichnungen.** Nebst Ausführungsbestimmungen. Von Dr. **R. Stephan,** Regierungsrath, Mitglied des Kaiserlichen Patentamts. Vierte vermehrte Auflage. 1 M.

23. **Gewerbe-Unfallversicherungsgesetz** und Gesetz, betr. die Abänderung der Unfallversicherungsgesetze vom 30. Juni 1900 in der Fassung der Bekanntmachung vom 5. Juli 1900 nebst Ausführungsverordnungen. Von Dr. **E. v. Woedtke,** Direktor im Reichsamt des Innern. Sechste umgearbeitete Auflage. Geb. in ganz Leinen ca. 2 M. 50 Pf.

24. **Aktiengesellschaft und Kommanditgesellschaften auf Aktien.** (Handelsgesetzbuch, II. Buch, Abschnitt 3 und 4.) Mit erläuternden Anmerkungen von **H. Keyssner,** Kammergerichtsrath und Dr. **H. Veit Simon,** Rechtsanwalt. Fünfte Auflage. Bearbeitet von Dr. **Hugo Keyssner** u. **L. Keyssner.** Geb. in ganz Leinen 2 M. 25 Pf.

25. Reichsgesetz wegen **Erhebung der Brausteuer** vom 31. Mai 1872 mit Ausführungsvorschriften. Von **E. Bertho,** Regierungsrath. 1885. 1 M. 60 Pf.

26. Die Reichsgesetzgebung über **Münz- und Notenbankwesen,** Papiergeld, Prämienpapiere und Reichsanleihen. Von Dr. jur. **R. Koch,** Präsident des Reichsbankdirektoriums. Dritte Auflage. 2 M. 80 Pf.

27. Die Gesetzgebung, betr. das **Gesundheitswesen** im Deutschen Reich für Behörden, Aerzte ꝛc. Von Dr. jur. **C. Goesch** und Dr. med. **J. Karsten.** 1888. 1 M. 60 Pf.

28. **Bauunfallversicherungsgesetz.** In der Fassung der Bekanntmachung vom 5. Juli 1900. Unter Berücksichtigung der Rechtsprechung des Reichs-Versicherungsamts. Von **R. Chrzescinski,** Kaiserl. Regierungsrath. Dritte Auflage. Geb. in ganz Leinen ca. 2 M.

29. Reichsgesetz, betr. die **Erwerbs- und Wirthschaftsgenossenschaften.** In der vom 1. Januar 1900 ab geltenden Fassung. Von **L. Parisius** und Dr. **H. Crüger.** Achte Auflage. Geb. in ganz Leinen. 1 M. 50 Pf.

30. **Invalidenversicherungsgesetz** vom 13. Juli 1899, in der Fassung der Bekanntmachung vom 19. Juli 1899. Von Dr. **E. v. Woedtke,** Director im Reichsamt des Innern. Siebente erweiterte Auflage. Geb. in ganz Leinen 2 M. 50 Pf.

31. Reichsgesetz, betr. die **Gewerbegerichte.** Von **L. Mugdan.** Vierte Auflage. Bearbeitet von **Cuno,** Stadtrath und stellvertretender Vorsitzender des Gewerbegerichts zu Königsberg i. Pr. 1 M. 80 Pf.

32. Reichsgesetz, betr. die **Gesellschaften mit beschränkter Haftung.** In der vom 1. Januar 1900 ab geltenden Fassung. Von **L. Parisius** und Dr. **H. Crüger.** Vierte vermehrte und verbesserte Auflage. 1 M.

33. Das **Vereins- und Versammlungsrecht** in Deutschland. Von Dr. **E. Ball,** Rechtsanwalt. 2 M. 25 Pf.

34. Reichsgesetz, betreffend die **Abzahlungsgeschäfte.** Vom 16. Mai 1894. Von **J. Hoffmann,** Geheimer Regierungsrath. 95 Pf.

35. **Die Reichs-Eisenbahngesetzgebung.** Von **W. Coermann,** Kaiserl. Amtsrichter. 1895. 2 M. 25 Pf.

36. Gesetze, betr. die **privatrechtlichen Verhältnisse der Binnenschiffahrt und der Flößerei.** Nach den Materialien erläutert von **H. Makower.** Unter Berücksichtigung der am 1. Januar 1900 in Kraft tretenden Reichsgesetze bearbeitet von **E. Löwe,** Landgerichtsrath. Zweite veränderte Auflage. 2 M.

37. **Gesetz zur Bekämpfung des unlauteren Wettbewerbes.** Vom 27. Mai 1896. Von Dr. **R. Stephan,** Regierungsrath. Zweite Auflage. 80 Pf.

38/39. **Bürgerliches Gesetzbuch nebst Einführungsgesetz.** In Verbindung mit Professor Dr. **André,** Amtsgerichtsrath **Greiff,** Amtsrichter **Ritgen,** Landgerichtsrath Dr. **Unzner,** s. Z. Schriftführer bei der Kommission für die zweite Lesung des Entwurfs eines Bürgerlichen Gesetzbuchs, herausgegeben von Reichsgerichtsrath Dr. **A. Achilles,** s. Z. Kommissar des Reichs-Justizamts bei derselben Kommission. Zweite vermehrte Auflage. 8°. Geb. in ganz Leinen. 5 M. 50 Pf.

Dieser Band ist in größerem Format erschienen!

40. Gesetz, betr. die **Pflichten der Kaufleute bei Aufbewahrung fremder Werthpapiere (Depotgesetz).**

Vom 5. Juli 1896. Mit Erläuterungen, Einleitung und Sachregister. Von **F. Lusensky,** Geh. Regierungsrath. 90 Pf.

41. **Börsengesetz.** Vom 22. Juni 1896. Nebst den dazu erlassenen Ausführungsbestimmungen. Unter Mitwirkung des Geh. Ober-Regierungsrathes **A. Wermuth** bearbeitet von **H. Brendel,** Gerichts-Assessor, Hülfsarbeiter im Reichsamt des Innern. 1 M. 50 Pf.

42. **Grundbuchordnung** für das Deutsche Reich nebst den preußischen Ausführungsbestimmungen. Mit Einleitung von Professor Dr. **O. Fischer.** Zweite Auflage. Geb. in ganz Leinen 1 M. 80 Pf.

43. Die Gesetzgebung, betr. die **Zwangsvollstreckung in das unbewegliche Vermögen** im Reiche und in Preußen. Text-Ausgabe mit Einleitung, Anmerkungen, Kosten- und Gebührentabellen und Sachregister. Von Dr. **J. Krech,** Kaiserl. Geh. Regierungsrath und Professor Dr. **O. Fischer.** Dritte Auflage. Geb. in ganz Leinen 2 M.

44. Das Reichsgesetz über das **Auswanderungswesen** vom 9. Juni 1897 nebst Ausführungsverordnungen und Anlagen. Nach den Materialien und unter Benutzung amtlicher Quellen erläutert von Professor Dr. **Felix Stoerk.** 2 M. 25 Pf.

45. **Das Entmündigungsrecht** unter Berücksichtigung der für Preußen geltenden Vorschriften nebst der preußischen Justiz-Ministerial-Verfügung vom 28. November 1899. Text der civil- und prozeßrechtlichen Bestimmungen mit Erläuterungen von Landgerichtsrath Dr. **P. Koll** in Cöln. Geb. in ganz Leinen 1 M. 50 Pf.

46. Die Gesetze des Reiches und Preußens über die **freiwillige Gerichtsbarkeit.** Mit Einleitung von **Herm. Jastrow,** Amtsgerichtsrath. Zweite, erweiterte Auflage. Geb. in ganz Leinen 2 M. 80 Pf.

47. Das **deutsche Vormundschaftsrecht** und das preuß. Gesetz, betr. die Unterbringung verwahrloster **Kinder,** vom 13. März 1878 nebst den dazu gehörigen preußischen Nebengesetzen und allgemeinen Verfügungen. Mit Einleitung und Erläuterungen von **Max Schultzenstein,** Oberverwaltungsgerichtsrath und Amtsgerichtsrath Dr. **Paul Köhne.** 2 M. 80 Pf.

48. Gesetze und Verordnungen, betreffend den **Drogen-, Gift- und Farbenhandel** außerhalb der Apotheken, unter besonderer Berücksichtigung des Königreichs Preußen. Von Dr. **Broh,** Rechtsanwalt. 1 M. 25 Pf.

49. Die **Kolonialgesetzgebung.** Von Prof. Dr. **Philipp Zorn.** Im Druck.

50. Der **Viehkauf** (Viehgewährschaft) nach dem Bürgerlichen Gesetzbuche. Mit Erläuterungen und Sachregister von Dr. **Hans Stölzle**, Rechtsanwalt in Kempten (Bayern). Nebst einem Anhang: Verordnung, betreffend die Hauptmängel und Gewährsfristen beim Viehhandel. Vom 27. März 1899. Erläutert von **Heinrich Weiskopf**, Königl. Kreisthierarzt in Augsburg. Zweite Auflage. Geb. in ganz Leinen 2 M.

51. **Hypothekenbankgesetz** vom 13. Juli 1899. Von Dr. **H. Göppert**, Gerichts-Assessor. Geb. in ganz Leinen 1 M. 80 Pf.

52. Gesetz, betreffend die gemeinsamen **Rechte der Besitzer von Schuldverschreibungen.** Vom 4. Dezember 1899. Von Dr. **Heinrich Göppert**, Gerichts-Assessor. Geb. in ganz Leinen 2 M.

53. **Reichspreßgesetz** vom 7. Mai 1874 nebst den einschlägigen Bestimmungen des Reichsstrafgesetzbuchs, der Gewerbeordnung u. s. w. Kommentar von **A. Born**, Polizeiassessor. Geb. in ganz Leinen 1 M. 50 Pf.

54. Die Reichsgesetzgebung über den Verkehr mit **Nahrungsmitteln, Genußmitteln** und **Gebrauchsgegenständen.** Von Dr. **Lebbin**, Nahrungsmittelchemiker. Geb. in ganz Leinen 2 M. 25 Pf.

55. Das Recht der **Beschlagnahme von Lohn- und Gehaltsforderungen.** Auf Grundlage der Reichsgesetze vom 21. Juni 1869 u. 29. März 1897 und der Civilprozeßordnung. Von Rechtsanwalt **Georg Meyer.** Geb. in ganz Leinen 1 M. 50 Pf.

56. Gesetz, betr. die **Bekämpfung gemeingefährlicher Krankheiten.** Vom 30. Juni 1900. Von Geh. Regierungsrath Dr. **Burkhardt.** Geb. in ganz Leinen. Im Druck.

Guttentag'sche Sammlung
Preußischer Gesetze.

Text-Ausgaben mit Anmerkungen. Taschenformat.

1. Die **Verfassungs-Urkunde** für den Preußischen Staat nebst Ergänzungs- und Ausführungs-Gesetzen. Mit Einleitung und vollständigem Kommentar von Prof. Dr. **Adolf Arndt.** Vierte, gänzlich umgearbeitete und verbesserte Auflage. Geb. in ganz Leinen ca. 2 M. 50 Pf.

2. Preußische **Beamten-Gesetzgebung.** Enthaltend die wichtigsten Beamtengesetze in Preußen. Von **C. Pfafferoth.** Dritte Auflage. 1 M. 50 Pf.

3. Die Preuß. Gesetzgebung, betr. **die Zwangsvollstreckung in das unbewegliche Vermögen.** Von Dr. **J. Krech,** Kais. Geh. Regierungs-Rath und Prof. Dr. **O. Fischer.** Dritte Auflage. Vergriffen.

Siehe: Reichsgesetze Nr. 43.

4. **Gebührenordnung** für **Notare** vom 25. Juni 1895 in der Fassung der Bekanntmachung vom 6. Oktober 1899 nebst den einschlägigen Vorschriften des Preußischen Gerichtskostengesetzes. Von **R. Sydow,** Direktor im Reichspostamt. Zweite Auflage bearbeitet von Dr. **E. Mosler,** Gerichtsassessor. Geb. in ganz Leinen. 1 M. 50 Pf.

5. **Gesetz vom 24. April 1854 (betr. die außereheliche Schwängerung)** und die daneben geltenden Bestimmungen des Allgemeinen Landrechts nebst nebst dazu ergangenen Präjudikaten. Von Dr. **Schulze.** 75 Pf.

6. Die Preußischen **Ausführungsgesetze und Verordnungen zu den Reichs-Justizgesetzen.** Von **R. Sydow.** Dritte vermehrte Auflage. 2 M. 40 Pf.

7. **Allg. Gerichtsordnung** vom 6. Juli 1793 **und** Preuß. **Konkursordnung** vom 8. Mai 1885. **Von F. Vierhaus,** Geh. Ober-Justizrath. **Vergriffen.**

8. **Vormundschaftsordnung** vom 5. Juli 1875, nebst allen Nebengesetzen und den dazu erlassenen Allgemeinen Verfügungen. Von Oberverwaltungsgerichtsrath **Schultzenstein.** Dritte Auflage. 1 M. 50 Pf. Siehe: Reichsgesetze Nr. 47.

9. Die Preußische **Grundbuchgesetzgebung.** Mit Einleitung, Formularen, Kosten- und Stempeltabellen. Von Prof. Dr. **Fischer.** Dritte Auflage. Vergriffen. Siehe: Reichsgesetze Nr. 42.

10. **Einkommensteuergesetz.** Vom 24. Juni 1891. Von Geheimrath **Meitzen.** Vierte vermehrte Auflage von **A. Fernow,** Ober-Regierungsrath. 1 M. 50 Pf.

11. **Gewerbesteuergesetz.** Vom 24. Juni 1891. Von **A. Fernow,** Ober-Regierungsrath. Dritte vermehrte Auflage. 1 M. 25 Pf.

12. **Allgemeines Berggesetz** für die preußischen Staaten. Vom 24. Juni 1865, und die auf dasselbe bezüglichen Gesetze und Verordnungen. Von **E. Engels,** Ober-Bergrath. Zweite Auflage. 1 M. 60 Pf.

13. **Ergänzungssteuergesetz** (Vermögenssteuergesetz). Vom 14. Juli 1893. Von **A. Fernow,** Ober-Regierungsrath. Zweite vermehrte Auflage. 1 M.

14. **Kommunalabgabengesetz.** Vom 14. Juli 1893 und Gesetz wegen Aufhebung direkter Staatssteuern. Vom 14. Juli 1893. Von **F. Adickes,** Oberbürgermeister. Zweite Auflage. 1 M. 25 Pf.

15. Die **Kreisordnungen** für den Preußischen Staat. Von **O. Kolisch,** Landgerichtsrath. 1894. 4 M.

16. Preuß. Ausführungs-Anweisung zu §§. 16 u. ff. der Reichs-Gewerbe-Ordnung, betr. **Genehmigung gewerblicher Anlagen.** Von Dr. **von Rüdiger,** Regierungs- und Gewerberath. 1895. 1 M. 50 Pf.

17. Preußisches **Gerichtskostengesetz.** Vom 25. Juni 1895. In der Fassung der Bekanntmachung vom 6. Oktober 1899. Mit Kostentabellen. Von Dr. **P. Siméon,** Landrichter. Dritte Auflage. Geb. in ganz Leinen 1 M. 80 Pf.

18. Preußisches **Stempelsteuergesetz.** Vom 31. Juli 1895. Nebst den Entscheidungen des Reichsgerichts und Erlassen der Verwaltungsbehörden und ausführlichen Tabellen. Von **B. Gaupp,** Geh. Regierungsrath und Regierungsassessor **P. Loeck.** Vierte Auflage. 3 M. 30 Pf.

19. **Das Jagdscheingesetz** vom 31. Juli 1895. Mit ausführlichen Erläuterungen nebst der Ausführungsverfügung vom 2. August 1898 und den Gesetzgebungsmaterialien. Von **F. Kunze,** Wirklichem Geh. Ober-Regierungsrath. Zweite Auflage. Geb. in ganz Leinen 2 M.

20. Gesetz, betr. die **Erbschaftssteuer.** Vom 19./24. Mai 1891 unter Berücksichtigung der Novelle vom 31. Juli 1895. Mit ausführlichen Erläuterungen von **P. Loeck,** Regierungsassessor. 1 M. 80 Pf.

21. Gesetz über die **Handelskammern.** Vom 19. August 1897. Mit Erläuterungen, geschichtlicher Einleitung sowie einer Uebersicht des Bestandes der kaufmännischen Vertretungen. Von **F. Lusensky,** Geh. Regierungsrath und vortragender Rath im Ministerium für Handel und Gewerbe. 3 M.

22. Gesetz, betr. **Anstellung und Versorgung der Kommunalbeamten.** Vom 30. Juli 1899. Mit einem Anhang, enthaltend die preußische Ausführungsanweisung. Von Dr. **W. Ledermann,** Magistratsassessor zu Berlin. 1 M. 25 Pf.

23. **Ausführungsgesetz zum Bürgerlichen Gesetzbuche** vom 20. September 1899. Von Landrichter Dr. **P. Siméon.** Geb. in ganz Leinen 1 M. 60 Pf.

24. Die **Hinterlegungsordnung** vom 14. März 1879 in der Fassung des preußischen Ausführungsgesetzes zum Bürgerlichen Gesetzbuch vom 20. September 1899. Nebst Ausführungsbestimmungen. Unter Benutzung der amtlichen Entscheidungen und Erlasse des Finanzministers. Von Regierungsassessor Dr. **Georg Bartels.** Geb. in ganz Leinen 1 M. 50 Pf.

25. **Preußisches Kommunalbeamtenrecht**, enthaltend die wichtigsten Bestimmungen über die Rechtsverhältnisse der Beamten der preußischen Landgemeinden, Landbürgermeistereien, Aemter, Amtsbezirke, Städte, Kreise, Bezirksverbände, Provinzen sowie der Gemeindeforstbeamten mit Ausschluß der Kommunalbeamten der Hohenzollernschen Lande. Text-Ausgabe mit kurzen Anmerkungen, einem chronologischen Verzeichniß der abgedruckten Gesetze, Verordnungen und sonstigen Bestimmungen. Von Magistratsassessor Dr. jur. **Krempski.** Im Druck.

26. Die **Preußischen Gesetze** über das **Diensteinkommen der Lehrer und Lehrerinnen, ihren Ruhegehalt und die Fürsorge für ihre Hinterbliebenen** nebst den zugehörigen Ausführungsbestimmungen, sonstigen Ministerialerlassen und den wichtigsten einschlägigen Gesetzen sowie einer Tabelle zur Berechnung der Ruhegehalts-, Wittwen- und Waisenbezüge. Text-Ausgabe mit Einleitung, Anmerkungen und Sachregister von Dr. **Ed. Cremer,** Beigeordneter. Geb. in ganz Leinen. Im Druck.

27. Gesetz, betreffend die **Waarenhaussteuer.** Vom 18. Juli 1900. Von Geh. Ober-Finanzrath Dr. **G. Strutz.** Geb. in ganz Leinen 1 M. 20 Pf.

Guttentag'sche Sammlung von Text-Ausgaben mit Sachregister ohne Anmerkungen.

Taschenformat, elegant in Leinen gebunden.

Reichs-Justizgesetze:

Gerichtsverfassungsgesetz. Civilprozeßordnung. Konkursordnung. Strafprozeßordnung.

In einem Bande gebunden 3 M. 80 Pf.

Civilprozeßordnung mit Gerichtsverfassungsgesetz und **Einführungsgesetzen.** In der Fassung der auf Grund des Gesetzes vom 17. Mai 1898 erfolgten Bekanntmachung vom 20. Mai 1898. 2 M.

Konkursordnung mit **Einführungsgesetz.** In der Fassung der Bekanntmachung v. 20. Mai 1898. 80 Pf.

Strafprozeßordnung für das Deutsche Reich nebst **Einführungsgesetz.** 1 M. 20 Pf.

Guttentag'sche Sammlung von Text-Ausgaben mit Sachregister ohne Anmerkungen.

Bürgerliches Gesetzbuch nebst **Einführungsgesetz.** Vom 18. August 1896. Nebst ausführlichem Wort- und Sachregister bearbeitet von Oberamtsrichter **Jatzow.** 2 M. 50 Pf.

Handelsgesetzbuch nebst **Einführungsgesetz.** Vom 10. Mai 1897. 1 M. 80 Pf.

Gesetz, betr. die **Abänderung der Gewerbeordnung** (Neues Handwerkergesetz). Vom 26. Juli 1897. 90 Pf.

Militärstrafgerichtsordnung für das Deutsche Reich, nebst **Einführungsgesetz** und Gesetz, betr. die Dienstvergehen der richterlichen Militärjustizbeamten und die unfreiwillige Versetzung derselben in eine andere Stelle oder in den Ruhestand. Vom 1. Dezember 1898. 1 M. 50 Pf.

Die Preußischen Ausführungsgesetze zum Bürgerlichen Gesetzbuche, zum Gesetz, betr. Aenderung der Civilprozeßordnung vom 17. Mai 1898, zum Gesetz über die Zwangsversteigerung und die Zwangsverwaltung, zur Grundbuchordnung und zum Handelsgesetzbuch. Preuß. Gesetz über die freiwillige Gerichtsbarkeit und Gesetz, enthaltend die landesgesetzlichen Vorschriften über die Gebühren der Rechtsanwälte und der Gerichtsvollzieher. Fünfte Auflage. 1 M. 80 Pf.

Reichsstempelgesetz (Börsensteuergesetz) in der Fassung der Bekanntmachung vom 14. Juni 1900. Mit Ausführungsbestimmungen, einem Anhang, enthaltend Tabellen zur Berechnung der Reichsstempelabgaben und Sachregister. 1 M. 50 Pf.

Adickes, F., Oberbürgermeister in Frankfurt a. M. Das Kommunalabgabengesetz vom 14. Juli 1893. Für den praktischen Gebrauch mit einer geschichtlichen Einleitung und Erläuterungen versehen, sowie mit einem die Ausführungsanweisung berücksichtigenden Nachtrag. 8°. Kartonnirt 6 M.

Arndt, Dr. Adolf, Oberbergrath und Prof. Verfassung des Deutschen Reichs. Mit Einleitung und Kommentar. 8°. Kartonnirt 3 M.

Friedrichs, K., Oberverwaltungsgerichtsrath. Das Gesetz betreffend die Anlegung und Veränderung von Straßen und Plätzen in Städten und ländlichen Ortschaften vom 2. Juli 1875. Nach dem Tode des Verfassers in vierter Auflage bearbeitet von Dr. jur. **Hugo von Strauß-Torney,** Oberverwaltungsgerichtsrath. 8°. Geb. 4 M. 50 Pf.

Genzmer, St., Landrath. Das Reichs-Haftpflicht-Gesetz betreffend die Verbindlichkeit zum Schadenersatz für die bei dem Betriebe von Eisenbahnen, Bergwerken, Steinbrüchen, Gräbereien und Fabriken herbeigeführten Tödtungen und Körperverletzungen vom 7. Juni 1871 aus der Rechtslehre und Rechtsprechung erläutert. 1882. 8°. Kart. 2 M. 80 Pf.

Hauß, C., Geh. Ober-Reg.-Rath. Das Gesetz zur Bekämpfung des unlauteren Wettbewerbes. Vom 27. Mai 1896. Für die gerichtliche und gewerbliche Praxis erläutert. 8°. Geb. in Leinen 3 M.

Holtgreven, Dr. A., Geh. Ober-Justizrath und vortragender Rath im Justizministerium. Das Wildschadengesetz vom 11. Juli 1891. Kommentar. Dritte Auflage. 8°. Kartonnirt 3 M.

Jerusalem, Herm., Landgerichtsrath, Mitglied des Hauses der Abgeordneten. Das Gesetz über Kleinbahnen und Privatanschlußbahnen vom 28. Juli 1892 nebst der Ausführungsanweisung zu diesem Gesetze vom 22. August 1892. gr. 8°. 2 M.

Kamptz, B. v., Verwaltungsgerichtsdirektor. Das Gesetz, betreffend die Vertheilung der öffentlichen Lasten bei Grundstückstheilungen und die Gründung neuer Ansiedelungen in den Provinzen Preußen, Brandenburg, Pommern, Posen, Schlesien, Sachsen und Westfalen vom 25. August 1876. Aus den Materialien und der Rechtsprechung des Königlichen Oberverwaltungsgerichts erläutert. 8°. Kartonnirt 2 M. 50 Pf.

Koch, Georg, Hauptmann a. D. Gesetz, betreffend die Prüfung der Läufe und Verschlüsse der Handfeuerwaffen vom 19. Mai 1891 nebst den Ausführungsbestimmungen des Bundesrathes vom 22. Juni 1892. Text-Ausgabe mit historischer Einleitung und Anmerkungen unter vergleichender Berücksichtigung der bezüglichen Gesetzgebung von England, Belgien, Frankreich und Oesterreich. 8°. Kartonnirt 1 M. 50 Pf.

Könige, H., Landgerichtsrath, Vorsitzender der Kammer I für Handelssachen am Landgericht Mannheim. Handelsgesetzbuch vom 10. Mai 1897 nebst Abdruck des Gesetzes über die Angelegenheiten der freiwilligen Gerichtsbarkeit und Gerichtsverfassungsgesetz (Titel 7, Kammern für Handelssachen). Verglichen mit dem Allgemeinen Deutschen Handelsgesetzbuch, dem Bürgerlichen Gesetzbuch und der Rechtsprechung des Reichsgerichts und Reichs-Oberhandelsgerichts. Zu praktischem Gebrauch dargestellt. 8°. Geb. in ganz Leinen 4 M. 50 Pf.

Marquardsen, Dr. H., o. Professor der Rechte in Erlangen, Mitglied des Reichstages. Das Reichs-Preß-Gesetz vom 7. Mai 1874. Mit Einleitung und Kommentar. 1875. 8°. Kartonnirt 5 M.

Ottermann, Carl, Stadtrath in Dortmund. Das Fluchtliniengesetz vom 2. Juli 1875. Erläuternde Abhandlung zu den Hauptbestimmungen desselben. 8°. 1 M. 25 Pf.

Pfafferoth, Carl, Geh. Kanzleirath. Die gesammten Organisationsgesetze für die innere Verwaltung des Preußischen Staates. Text-Ausgabe mit Anmerkungen, einem die einschlägigen sonstigen Gesetze, Verordnungen, Regulative und Zirkulare enthaltenden Anhang und einem ausführlichen Sachregister. Zweite neubearbeitete Auflage. 8°. 6 M., geb. 6 M. 50 Pf.

Telegraphenwege-Gesetz vom 18. Dezember 1899 nebst den vom Reichskanzler erlassenen Ausführungsbestimmungen vom 26. Januar 1900 und den Erläuterungen und Ausführungsanweisungen des Reichs-Postamts. Amtliche Ausgabe. 8°. Geb. in Leinen 1 M.

Turnau, W., Reichsgerichtsrath. Die Schiedsmanns-Ordnung vom 29. März 1879, mit Ergänzungen und Erläuterungen. 8°. Geb. in Leinen 3 M. 60 Pf.

Wittenberg, Dr. M., Dozent an der Humboldt-Akademie. Wegweiser durch das Aktienrecht, nach dem Wortlaut der seit dem 1. Januar 1900 gültigen Reichsgesetze. Taschenformat. Geb. in Leinen 1 M.

Schlagwort-Register.

R. = Nummer der Sammlung Deutscher **Reichs**gesetze.
P. = Nummer der Sammlung **Preußischer** Gesetze.
S. = Seite.

FSC
www.fsc.org
MIX
Papier | Fördert
gute Waldnutzung
FSC® C083411

Kolibri 360 GmbH
Ferdinand-Jühlke-Straße 7
99095 Erfurt, Deutschland
produktsicherheit@kolibri360.de